河北农业品牌资源调研报告 2022—2023年度

王旭东　王琰琨　王红江　周　云　赵瑞琴　主编

企业管理出版社
ENTERPRISE MANAGEMENT PUBLISHING HOUSE

图书在版编目（CIP）数据

河北农业品牌资源调研报告：2022–2023年度 / 王旭东等主编. —北京：企业管理出版社，2023.12
ISBN 978-7-5164-3001-9

Ⅰ.①河… Ⅱ.①王… Ⅲ.①农产品–商业品牌–调查报告–河北–2022–2023 Ⅳ.①F327.22

中国国家版本馆CIP数据核字（2023）第257582号

书　　名：	河北农业品牌资源调研报告（2022—2023年度）
书　　号：	ISBN 978-7-5164-3001-9
作　　者：	王旭东　王琰琨　王红江　周　云　赵瑞琴
选题策划：	周灵均
责任编辑：	张　羿　周灵均
出版发行：	企业管理出版社
经　　销：	新华书店
地　　址：	北京市海淀区紫竹院南路17号　　邮　编：100048
网　　址：	http://www.emph.cn　　电子信箱：2508978735@qq.com
电　　话：	编辑部（010）68456991　　发行部（010）68701816
印　　刷：	北京厚诚则铭印刷科技有限公司
版　　次：	2023年12月第1版
印　　次：	2023年12月第1次印刷
开　　本：	710mm×1000mm　　1/16
印　　张：	14.75
字　　数：	185千字
定　　价：	78.00元

版权所有　翻印必究·印装有误　负责调换

河北农业品牌资源调研报告
（2022—2023年度）
编委会

顾问组 苗冰松 翁树文 毛绪强

主　编 王旭东 王琰琨 王红江 周云 赵瑞琴

副主编 姜瑞雪 剧宁 刘霞 孙华峰 任喆
　　　　 李紫轩 邓光远 郄宏彬 李建兴 孟玉敏

参　编 芦彩霞 韩晴 方钰滢 仝丹 谢江伟
　　　　 蔡华利 王丽影 王琳 康键 吴芳
　　　　 王剑 李征 赵浩森 张卫国 马越
　　　　 马亚东 宋钰 朱嫣婷 李晓婉 张一凡
　　　　 王皓 陈天鹤 刘心德 于笑逸 赵瑞芳
　　　　 王春艳 王琨

技术支持

中国农村杂志社

河北省农业品牌建设中心

河北农业大学河北农业品牌研究院

北方工业大学

中国农产品市场协会

河北省农产品品牌协会

保定市农产品品牌协会

北京卓闻数据科技有限公司

前　言

《河北农业品牌资源调研报告（2022—2023年度）》是河北农业大学与北方工业大学经济管理学院、北京卓闻数据科技有限公司（以下简称"卓闻数据"）合作，对河北省农业品牌资源进行的一次全面、系统的普查。研究报告依据国家标准《品牌评价　消费者感知测量指南》（GB/T 39071—2020），借助卓闻数据开发的"填呗"线上调研工具获得一手数据，对共计90个河北省农业品牌进行大规模样本采集，获取有效问卷90000份。

第一部分为"研究报告总论篇"，包括第一章、第二章、第三章的全部内容。第一章详细说明了本研究报告的立项背景和研究意义，介绍了相关概念。第二章阐明了本报告的理论基础，阐述了关键评价指标品牌知名度、品牌认知度、品牌美誉度及品牌忠诚度的核心内容、计算过程以及指标阈值和性质判定。第三章说明了调研数据的收集过程，所使用的调研工具，以及数据收集前、收集中、收集后的质量检测和控制的方式方法，以保障研究结果的可信度。第一部分是本研究报告的基础部分，是本报告所持的学术立场、所选用的方法、评估框架和思路的总介绍，以及此次研究所要达到的研究目的、研究程度、研究成果的总介绍。

第二部分为"河北畜牧类品牌资源指标分析"，包括第四章和第五章的内容。第四章为河北省9个畜牧类品牌全国和河北省内调研各项指标的汇总及初步解读，第五章为河北省9个畜牧类品牌的个案分析。

第三部分为"河北种植类品牌资源指标分析",包括第六章至第十一章的全部内容。第六章为河北省种植类品牌全国和河北省内的各项指标汇总及初步解读,第七至第十一章分别为13个蔬菜类品牌、17个水果类品牌、7个坚果类品牌、4个药材类品牌和13个粮食类品牌的个案分析。

第四部分为"河北其他类品牌资源指标分析",包括第十二章和第十三章的内容。第十二章为河北省27个其他类品牌的各项指标汇总及初步解读,第十三章为河北省27个其他类品牌的个案分析。

最后根据第二、第三、第四部分的指标汇总及解读,在概要评述中针对品牌发展问题提出了相应的品牌发展意见和措施。

本报告对河北省农业品牌资源整体状况的研究,可用于企业的品牌决策分析以及相关管理部门决策的参考依据。本报告从2023年1月立项至2023年8月初稿完成,用时8个月,报告中难免有疏漏,欢迎广大读者指正并联系我们。让我们共同研究,一起进步。

感谢悉心阅读并指正。

联系邮箱:uibezhouyun@163.com

《河北农业品牌资源调研报告(2022—2023年度)》
课题组
2023年9月

目 录

第一部分 研究报告总论篇

第一章 总 论…………………………………………………… 3
　第一节 概述 ………………………………………………… 4
　第二节 有关概念 …………………………………………… 5

第二章 本报告的理论基础……………………………………… 7
　第一节 评价指标阐述 ……………………………………… 8
　第二节 指标的阈值及其性质的判定 ………………………14

第三章 调研数据收集过程………………………………………21
　第一节 调研准备 ……………………………………………22
　第二节 数据收集 ……………………………………………23
　第三节 数据质量的保障 ……………………………………24

第二部分 河北畜牧类品牌资源指标分析

第四章 河北畜牧类品牌的各项指标汇总及解读……………29

第一节　河北畜牧类品牌指标汇总 …………………………30

第二节　河北畜牧类品牌各项指标初步解读 ………………31

第五章　河北畜牧类品牌个案分析……………………………35

第一节　宇腾羊绒 ……………………………………………36

第二节　清河羊绒 ……………………………………………37

第三节　肃宁裘皮 ……………………………………………39

第四节　新希望天香 …………………………………………40

第五节　广野 …………………………………………………42

第六节　双鸽 …………………………………………………44

第七节　千喜鹤 ………………………………………………45

第八节　三利毛纺 ……………………………………………47

第九节　大厂肥牛 ……………………………………………49

第三部分　河北种植类品牌资源指标分析

第六章　河北种植类品牌的各项指标汇总及解读……………53

第一节　河北蔬菜类品牌指标汇总 …………………………54

第二节　河北水果类品牌指标汇总 …………………………56

第三节　河北坚果类品牌指标汇总 …………………………60

第四节　河北药材类品牌指标汇总 …………………………62

第五节　河北粮食类品牌指标汇总 …………………………64

第七章　河北蔬菜类品牌个案分析……………………………69

第一节　平泉香菇 ……………………………………………70

第二节	塞北马铃薯	71
第三节	遵化香菇	73
第四节	围场马铃薯	74
第五节	张北马铃薯	76
第六节	鸡泽辣椒	77
第七节	万全鲜食玉米	79
第八节	永年蔬菜	81
第九节	永清蔬菜	82
第十节	望都辣椒	84
第十一节	馆陶黄瓜	86
第十二节	邱县蜂蜜红薯	87
第十三节	鹏达	89

第八章 河北水果类品牌个案分析 ... 91

第一节	深州蜜桃	92
第二节	沧州金丝小枣	93
第三节	承德国光苹果	95
第四节	威梨	97
第五节	晋州鸭梨	99
第六节	泊头鸭梨	101
第七节	饶阳葡萄	102
第八节	魏县鸭梨	104
第九节	宣化牛奶葡萄	106
第十节	新乐西瓜	108
第十一节	青县羊角脆	109

第十二节　山海关大樱桃 …………………………………… 111

第十三节　富岗苹果 ………………………………………… 113

第十四节　顺平桃 …………………………………………… 114

第十五节　满城草莓 ………………………………………… 116

第十六节　黄骅冬枣 ………………………………………… 117

第十七节　赵县雪花梨 ……………………………………… 119

第九章　河北坚果类品牌个案分析 …………………………… 121

第一节　临城核桃 …………………………………………… 122

第二节　滦州花生（东路花生）…………………………… 124

第三节　阜平大枣 …………………………………………… 125

第四节　宽城板栗 …………………………………………… 127

第五节　迁西京东板栗 ……………………………………… 128

第六节　绿岭 ………………………………………………… 130

第七节　亚欧果仁 …………………………………………… 131

第十章　河北药材类品牌个案分析 …………………………… 135

第一节　安国中药材 ………………………………………… 136

第二节　滦平中药材 ………………………………………… 137

第三节　巨鹿金银花 ………………………………………… 139

第四节　青龙北苍术 ………………………………………… 140

第十一章　河北粮食类品牌个案分析 ………………………… 143

第一节　武安小米 …………………………………………… 144

第二节　黄骅旱碱麦 ………………………………………… 145

第三节　张北莜麦 ··· 147

第四节　隆化大米 ··· 149

第五节　蔚州贡米 ··· 150

第六节　柏各庄大米 ······································· 152

第七节　藁城宫面 ··· 153

第八节　五得利 ··· 155

第九节　金沙河 ··· 156

第十节　利珠粮油 ··· 158

第十一节　喜和圣 ··· 159

第十二节　三河汇福 ······································· 161

第十三节　骊骅淀粉 ······································· 162

第四部分　河北其他类品牌资源指标分析

第十二章　河北其他类品牌的各项指标汇总及解读 ········ 167
第一节　河北其他类品牌指标汇总 ······················· 168
第二节　河北其他类品牌各项指标初步解读 ··············· 171

第十三章　河北其他类品牌个案分析 ···················· 177
第一节　曹妃甸对虾 ··································· 178
第二节　白洋淀咸鸭蛋 ································· 179
第三节　大名小磨香油 ································· 181
第四节　卢龙粉丝 ····································· 182
第五节　漕河驴肉 ····································· 184
第六节　正定马家卤鸡 ································· 185

第七节　高碑店豆腐丝 …………………………………… 187
第八节　君乐宝 …………………………………………… 188
第九节　养元六个核桃 …………………………………… 190
第十节　露露 ……………………………………………… 192
第十一节　福成五丰 ……………………………………… 193
第十二节　蓝猫 …………………………………………… 195
第十三节　小洋人 ………………………………………… 197
第十四节　怡达 …………………………………………… 198
第十五节　栗源 …………………………………………… 200
第十六节　根力多生物科技 ……………………………… 201
第十七节　名花皮业 ……………………………………… 203
第十八节　长城葡萄酒 …………………………………… 205
第十九节　顶大 …………………………………………… 206
第二十节　十八酒坊 ……………………………………… 208
第二十一节　唇动 ………………………………………… 210
第二十二节　同福 ………………………………………… 212
第二十三节　华龙 ………………………………………… 213
第二十四节　晨光生物科技 ……………………………… 215
第二十五节　今麦郎 ……………………………………… 217
第二十六节　梅花 ………………………………………… 219
第二十七节　珍极 ………………………………………… 220

概要评述 ……………………………………………………… 223

第一部分

研究报告总论篇

第一章
总 论

第一节 概述

一、立项背景

为响应国家"适应新时代新要求，进一步引导企业加强品牌建设，进一步拓展重点领域品牌，持续扩大品牌消费，营造品牌发展良好环境，促进质量变革和质量提升，推动中国制造向中国创造转变、中国速度向中国质量转变、中国产品向中国品牌转变，久久为功促进品牌建设高质量可持续发展"的品牌建设方针，探明河北省内品牌发展现状，包括畜牧类品牌、种植类品牌和其他类品牌，利用先进的经营工具创新符合自身发展的运营模式，融入新兴业态的发展洪流，需要对全省品牌资源做全面的科学评价。

2018年中央一号文件提出质量兴农之路，突出农业绿色化、优质化、特色化、品牌化，全面推进农业高质量发展。品牌建设贯穿农业全产业链，是助推农业转型升级、提质增效的重要支撑和持久动力。"十三五"时期，党中央坚持把解决好"三农"问题作为全党工作的重中之重，品牌强农是经济高质量发展的迫切要求。

二、研究意义

2022年7月，中华人民共和国国家发展和改革委员会（以下简称"国家发展改革委"）等部门发布《关于新时代推进品牌建设的指导意见》，指出要推动中国产品向中国品牌转变，久久为功促进品牌建设高质量可持续发展，并设立"到2025年，品牌建设初具成效""到2035年，品牌建设成效显著"的目标，品牌发展成为各地区、各行业质量变革和质量提升的重要途径。在此背景下，开展河北省品牌整体状况调研并进行深度分析调整十分迫切，开展河北省品牌发展状况项目研究活动十分必要。

《河北农业品牌资源调研报告（2022—2023年度）》是这一项目的结题报告。本报告具有极强的理论意义，报告基于国家标准《品牌评价 消费者感知测量指南》（GB/T 39071—2020）对河北省品牌进行测量、分析和评价，有着积极的理论探索意义；同时，本报告具有重要的现实意义，为河北省的畜牧类品牌、种植类品牌和其他类品牌提供完备的经营参考资料。

《河北农业品牌资源调研报告（2022—2023年度）》通过对90个代表性较强的河北省品牌在国内市场和河北市场发展状况的研究，形成对河北省品牌整体发展状况的具体认知。本报告即公开发表的结题报告部分。

第二节　有关概念

一、河北省品牌资源的概念

河北省品牌特指在河北省内注册的企业，其经营总部及主要生产部门、品牌管理部门设在河北省内，其拥有的注册商标在长期经营中获得了较高的知名度、美誉度等指标后形成的品牌。

这些品牌是河北经济的宝贵资源，共同形成了省内外消费者对河北省生产经营的印象，为河北省赢得了商誉，共同形成了河北省品牌资源的概念。

二、调研对象

本次调研选择的调研对象是河北农业大学推荐报送的品牌，总体来说可以划分为以下三类。

1.畜牧类（9个）

宇腾羊绒、清河羊绒、肃宁裘皮、新希望天香、广野、双鸽、千喜鹤、三利毛纺、大厂肥牛。

2.种植类（54个）

蔬菜类（13个）：平泉香菇、塞北马铃薯、遵化香菇、围场马铃薯、张北马铃薯、鸡泽辣椒、万全鲜食玉米、永年蔬菜、永清蔬菜、望都辣椒、馆陶黄瓜、邱县蜂蜜红薯、鹏达。

水果类（17个）：深州蜜桃、沧州金丝小枣、承德国光苹果、威梨、晋州鸭梨、泊头鸭梨、饶阳葡萄、魏县鸭梨、宣化牛奶葡萄、新乐西瓜、青县羊角脆、山海关大樱桃、富岗苹果、顺平桃、满城草莓、黄骅冬枣、赵县雪花梨。

坚果类（7个）：临城核桃、滦州花生（东路花生）、阜平大枣、宽城板栗、迁西京东板栗、绿岭、亚欧果仁。

药材类（4个）：安国中药材、滦平中药材、巨鹿金银花、青龙北苍术。

粮食类（13个）：武安小米、黄骅旱碱麦、张北莜麦、隆化大米、蔚州贡米、柏各庄大米、藁城宫面、五得利、金沙河、利珠粮油、喜和圣、三河汇福、骊骅淀粉。

3.其他类（27个）

曹妃甸对虾、白洋淀咸鸭蛋、大名小磨香油、卢龙粉丝、漕河驴肉、正定马家卤鸡、高碑店豆腐丝、君乐宝、养元六个核桃、露露、福成五丰、蓝猫、小洋人、怡达、栗源、根力多生物科技、名花皮业、长城葡萄酒、顶大、十八酒坊、唇动、同福、华龙、晨光生物科技、今麦郎、梅花、珍极。

第二章

本报告的理论基础

第一节　评价指标阐述

本报告依据国家标准对备评品牌进行调研、测算、评价，所用到的关键指标均来自《品牌评价 消费者感知测量指南》（GB/T 39071—2020）。本节首先对品牌知名度、品牌认知度、品牌美誉度及品牌忠诚度关键指标及其测算过程予以阐述。

一、品牌知名度的概念及测算

品牌知名度是受众对某品牌知晓程度的度量指标，即受众当中有多少人知晓该品牌。该品牌的全国知名度，则意指全国消费者对该品牌的知晓程度。品牌知名度既可以是"某地区的品牌知名度"，也可以是"20~30岁男性消费者的品牌知名度"，品牌知名度一定是以某个区域或某类细分受众为前提。

本报告所提及的品牌知名度是受众对某品牌知晓程度的度量指标，即受众当中知晓特定品牌的人数与受众总人数的比率。它是一个总体概念指标，无单位的比率（百分比）表达。品牌知名度的测算过程如下。

第 i 层样本的品牌知名度即

$$Z_i = \frac{j_i}{q_i} \times 100\%$$

合并分层，该品牌的品牌知名度的测量公式为

$$Z = \sum_{i=1}^{n} \frac{q_i}{Q} \times \frac{j_i}{q_i} \times 100\% = \frac{1}{Q} \sum_{i=1}^{n} j_i \times 100\%$$

式中：

Z——品牌知名度；

Z_i——第i层样本的品牌知名度；

j_i——第i层样本中知晓品牌的消费者人数；

q_i——第i层样本的消费者人数；

Q——消费者总人数。

二、品牌认知度的概念及测算

品牌认知度来自五星模型中品牌知名度的最低层次品牌认知层次和质量感知概念的结合，借鉴前人对品牌发展这一阶段的理解，将该指标的内涵重新设计为"品牌认知度是受众对品牌的知识、内涵以及其他信息的深度认识程度"。

在知晓的基础上，对已知晓某特定品牌名称的受众进行认知度调查，主要考察受众对品牌的深入认知，其考察次序为该品牌的原产地、主要产品、行销行业、LOGO辨识以及品牌个性、品牌价值观等，以判断消费者对该品牌的认知程度。

五星模型中品牌认知是品牌知名度的最低层次，是指消费者曾经接触过某品牌，它反映了消费者从过去对品牌的接触中产生出一种熟悉感。消费者认知某品牌，并不一定记得曾在某地接触过该品牌，也不一定能够说出该品牌与其他品牌有何不同，是何种产品类别的品牌，它只表明过去接触过该品牌。感知质量则是消费者根据预期的目的及相关选择对产品或服务的整体质量或优越性的一种感知，类似于品牌体验的概念，它是消费者对品牌质量的一种概括性的、总体性的感知。

五星模型中品牌知名度的认知层次和感知质量所描述的现象是一样的，只是程度有所不同，是可以归结在一个品牌认知度的概念。

品牌认知度的概念在品牌传播实践中可以这样理解：受众仅知道某品牌的名称是远远不够的。如两个消费者都知道某特定品牌的名称，但认知程度也可能不一样，其中一个只是听说过该品牌名称而已；而另一个不仅知道品牌名称，而且记得住该品牌的广告，甚至能够辨识品牌的LOGO，知道品牌的个性和价值观。虽然在品牌知名度的范围内这两人是一样的，但认知程度的不同决定了他们对该品牌的认知差异很大。

测算某品牌的认知度时首先要将问卷的多个问题划分为若干等距层次，由低至高是消费者对该品牌的认知逐层增加的过程，其中某消费者达到任意一个程度表示为 X_{ir}。通过对 n_i 个消费者所组成的目标市场进行抽样调查可以估算出整个目标市场的平均认知度，用 $\overline{R}$ 表示，品牌平均认知度即为品牌认知度，具体计算过程如下。

第 i 层样本的品牌平均认知度即

$$\overline{r_i} = \frac{1}{j_i} \sum_{i=1}^{j} X_{ir} \times 100\%$$

合并分层，该品牌的品牌平均认知度的测量公式为

$$\overline{R} = \frac{1}{Q} \sum_{i=1}^{n} q_i \times \overline{r_i}$$

式中：

$\overline{r_i}$——第 i 层样本的品牌平均认知度；

j_i——第 i 层样本中知晓品牌的消费者人数；

X_{ir}——第 i 层样本中某消费者达到任意一个认知程度；

$\overline{R}$——该品牌的平均认知度；

Q——消费者总人数；

q_i——第 i 层样本的消费者人数。

三、品牌美誉度的概念及测算

品牌美誉度（Brand favorite）是指品牌获得来自消费者的赞许、推荐，但品牌美誉度不是指某个消费者对品牌的赞许程度，一个消费者对

某品牌的偏爱程度并不是品牌美誉度的含义，品牌美誉度的核心内涵是消费者当中有多少是来自消费者的相互影响。

品牌美誉度的概念强调消费者在使用该品牌的产品或服务后所产生的体验，更多的是与产品自身质量和品牌形象相关，质量好、形象好的产品通常能够得到比较多的赞许；此外，还有品牌内涵对消费者的影响。总的来看，一个品牌能否形成美誉度主要取决于品牌是否获得了消费者的认可，因此可以认为，品牌认知度是品牌美誉度形成的基础，但即使消费者对品牌有充分的认知，也不一定能够获得相应的品牌美誉度。

品牌美誉度的内涵一般由"自我传播"的概念来代替。自我传播简称"自传播"，俗称"口碑"，是指在没有任何商业费用支持的情况下，品牌依然能够在消费者和媒体中广泛传播。品牌美誉度的测算其实是对品牌自传播能力的测算，在实务中需要精确地了解消费者的购买动机中来自消费者之间相互影响的程度，一般使用排他问卷的调查形式，将受到广告、促销、渠道等与直接营销目的有关的购买动机影响的消费者剔除掉，剩余的消费者约等于受到消费者之间影响的口碑消费者，其所占比例即为品牌美誉度。

品牌美誉度是品牌创建的关键，能否被称为"品牌"就是看该商标是否获得了相当程度的美誉度。品牌美誉度与品牌认知度之间确实存在较强的相关关系，一般说来，品牌美誉度的形成是需要有品牌认知度做基础的。厂商经过努力使品牌形成较高知名度和认知度是有可能的，但能否形成品牌美誉度就不完全取决于厂商的努力了。品牌自身、消费者的成熟程度、市场机遇等都是品牌美誉度产生的必要条件。品牌美誉度一旦形成，该品牌创建即告成功，该商标即成为一般意义上的品牌。此时的品牌不需要再像在创建阶段那样为知名度负担高额的传播成本，即使将广告全部停止投放，品牌也会在消费者之间广泛传播。达到一定美誉度的品牌，继续使用广告产生的效益会很低，厂商只需要少量提示即可。

品牌美誉度指标的测算过程如下。

第 i 层样本的品牌美誉度即

$$a_i = \frac{x_i}{j_i} \times 100\%$$

合并分层，该品牌的品牌美誉度的测量公式为

$$a = \sum_{i=1}^{n} \frac{q_i}{Q} \times \frac{x_i}{j_i} \times 100\%$$

$$= \frac{1}{Q} \sum_{i=1}^{n} \frac{q_i \times x_i}{j_i} \times 100\%$$

式中：

a —— 品牌美誉度；

a_i —— 第 i 层样本的品牌美誉度；

x_i —— 第 i 层样本中的自传播者人数（接受过推荐并有过向其他消费者推荐行为的消费者数量）；

j_i —— 第 i 层样本中知晓品牌的消费者人数；

Q —— 消费者总人数；

q_i —— 第 i 层样本的消费者人数。

四、品牌忠诚度的概念及测算

品牌忠诚（Brand loyalty）是指消费者在购买决策中表现出来对某个品牌有偏向性的（而非随意的）行为反应。它是一种行为过程，也是一种心理（决策和评估）过程。简单来说，品牌忠诚是指消费者的消费偏好或消费习惯与某品牌长期保持一致且是持续的，即该消费者对这个品牌具有了品牌忠诚的行为，在《消费者行为学》一书中将品牌忠诚度理解为重复购买率。

品牌忠诚不同于人与人之间感情的忠诚，它不特指品牌与消费者之间具有了情感上的相互依赖，而仅是描述消费者的消费习惯和偏好。因

此，在品牌忠诚指标中不考虑消费者对某品牌在情感上的依赖，只考虑其消费行为上的结果。品牌忠诚度对一个品牌的生存与发展极其重要，一定的品牌忠诚度能够体现出该品牌对销售的支撑作用，能够提高品牌抗风险的能力，使品牌保持长久的生命力，它是一个品牌能够发挥时效性作用的体现。

在实务中，品牌忠诚者是指连续购买次数超过这个行业的平均重复购买率的消费者。品牌忠诚度是指在特定样本下，品牌忠诚者占消费者数目的比例，其计算过程如下。

第i层样本中有E_i个消费者购买过该品牌的产品，有F_i个消费者符合品牌忠诚者的条件，该品牌在第一个样本中的忠诚度即为

$$L_i = \frac{F_i}{E_i} \times 100\%$$

合并分层，该品牌的品牌忠诚度的测量公式为

$$L = \sum_{i=1}^{n} \frac{q_i}{Q} \times \frac{F_i}{E_i} \times 100\%$$
$$= \frac{1}{Q} \sum_{i=1}^{n} \frac{q_i \times F_i}{E_i} \times 100\%$$

式中：

L —— 品牌忠诚度；

L_i —— 第i层样本的品牌忠诚度；

E_i —— 第i层样本的消费者中购买过该品牌产品的消费者人数；

F_i —— 第i层样本中，符合品牌忠诚者条件的消费者人数；

Q —— 消费者总人数；

q_i —— 第i层样本的消费者人数。

除了上述四个评价指标之外，本报告还计算了品牌的信息总量，为系统评价品牌做了充分的准备。

第二节　指标的阈值及其性质的判定

一、品牌知名度的有效范围

一个企业的商标在获取极高品牌知名度的过程中要经历5个关键点、6个性质迥异的阶段，品牌在每个阶段的作用也是不同的。这些关键点的测定与品牌知名度有效阈值的测定方法基本类似，都是以50%的消费者能够感知品牌下一阶段的性质为绝对阈值。关键点之间称为"品牌阈值范围"，代表了某个品牌知名度阈值范围内不同的品牌具有相同的作用和性质，且表现相近。

（1）$Z \leq 4.69\%$。

知名度长期处于4.69%之下的商标，应该是企业没有为获得品牌知名度做过专门的努力，之所以有少许知名度是因为在营销过程中消费者对产品有体验而自然获取的知晓，这一知名度几乎没有影响力，对消费者产生的影响微乎其微，甚至都不能成为营销使用的工具，企业可能仍处于追求销售数量的阶段，营销仍要靠渠道、产品、价格等非品牌性的营销工具。此阶段的知名度性质和作用极其微弱。

因为品牌知名度是相对范围的知名度，在确定品牌知名度性质的时候一定要前缀具体范围，一个很小区域内的品牌，在该区域内的知名度很高，但放置于较大区域内的时候知名度很小，对全国而言品牌知名度可能就微乎其微了。

大部分的老字号品牌具有很强的地域性，在所在地区品牌知名度很高；但使用和购买该品牌产品的消费者往往集中在品牌所在地区，其他地区的消费者对该品牌知之甚少，放置于全国品牌知名度就很低。例如，"便宜坊"在北京地区的品牌知名度达到38.13%，在当地很有名；但除北京外的其他地区消费者对其很陌生，其品牌全国知名度仅为1.30%。可以说，该品牌在北京获得了较高的知名度，但于全国范围而言，该品牌知名度很小，影响力微乎其微，是个典型的区域性品牌。

（2）$4.69\% < Z \leqslant 16.13\%$。

品牌知名度的第一个关键点是4.69%左右。当知名度突破了4.69%之后，商标的性质开始发生变化，知名度处在4.69%~16.13%的商标一般都是企业专门做过获取品牌知名度的努力，这一阶段的品牌知名度是很难自然获得的，俨然商标进入了成为名牌的过程，企业在做获取品牌知名度的努力；但仅靠知名度使商标成为品牌是远远不够的，商标成为品牌的关键是获得一定的美誉度，知名度只是美誉度之前的一个过程。

品牌知名度在这一阶段已经成为有效的营销工具，能够对营销起到明显的促进作用，超过半数的消费者有进一步认知该品牌的意愿，也表现出同类产品购买的品牌偏好；但这一品牌偏好表现得还很微弱，仅限于在对同质同价、近似包装的产品选择中表现出较为明显的品牌偏好，对异质异价甚至风格不同的同类产品的消费影响并不明显，应该说此阶段的品牌知名度对营销的促进作用仍是有限的。

当商标获得了4.69%以上的品牌知名度时，即可称之为"名牌"，意为"有一定知名度的牌子"，这个"牌子"指的是商标，具有一定知名度的"牌子"就开始对营销产生一定的作用，此时的商标成为一种营销工具。

（3）$16.13\% < Z \leqslant 37.50\%$。

品牌知名度的第二个关键点是16.13%。这个关键点意味着当品牌知名度达到16.13%时，半数消费者对其已有较深的认知，表现为对异质异价甚至风格不同的同类产品都有明显的购买意愿，形成了品牌偏好。

当商标的知名度突破了16.13%之后，开始出现大范围的消费者认知，有相当数量的消费者对产品、企业及品牌内涵等信息具有较深的理解和认知，可以说此时的商标具有了良好的消费者知晓基础，开始出现深度认知。这一阶段品牌知名度是伴随品牌认知度、品牌美誉度的增长而增长的，品牌对营销的促进作用较为明显。

（4）$37.50\% < Z \leqslant 61.80\%$。

品牌知名度的第三个关键点是37.50%左右。品牌知名度突破了这一关键点表现为，半数以上的消费者表示对其非常熟悉，不仅认知程度深，而且能够辨识其LOGO，能够大致描述其广告内容、品牌内涵或产品风格，产生了明显的消费者区隔，若有相应的品牌认知度，该品牌一般会具有一定的联想度，使品牌延伸成为可能。

此时的品牌具有了对消费者选择偏好的影响力，其性质为有用的竞争工具，在竞争中的作用明显。

（5）$61.80\% < Z \leqslant 84.45\%$。

品牌知名度的第四个关键点是61.80%左右。品牌知名度超过61.80%的品牌可以称之为"高知名度品牌"，此时品牌具有了充分的消费者认知和联想的基础，若有充分的品牌认知度基础，极有可能产生自传播现象。此时，半数以上的消费者表现出明显的选择偏好，在无提示情境下同类产品的购买选择中，半数以上的消费者会把这一阶段知名度水平的品牌作为主要选项。

此时品牌具有的知名度已经饱和，主要以提示型方式作为传播内容，以维持品牌知名度为目的，品牌管理的重心可以放在公共关系活动等促进品牌美誉度形成和发展的内容上，广告类活动的密度可以逐步减小，无须过多投入精力。

（6）84.45%＜Z≤100.00%。

品牌知名度的第五个关键点是84.45%左右。品牌知名度超过84.45%的品牌获得了极高的知名度，成为大众耳熟能详的品牌。此时该品牌在行业内颇具影响力，半数以上的消费者对其广告或品牌内涵非常熟悉。

该知名度水平的品牌若有充分的品牌美誉度支撑，一般都有较高的品牌忠诚度，意味着该品牌具有很强的抗风险能力以及较高的重复购买率，品牌不易衰减，即使不再进行广告营销，品牌依然会在消费者中长期存在。

当品牌知名度达到100.00%时，意味着消费者全都知晓该品牌，无一例外。

二、品牌认知度的有效范围

品牌认知度的阈值范围不独立存在，单纯地研究品牌认知度绝对值没有意义，即不存在脱离品牌知名度而存在的品牌认知度，品牌认知度的阈值是相对于品牌知名度的情况而确定的，因而品牌认知度的阈值是与品牌知名度的比值，其结果可以简单地分为有效和效果不足两种。

根据上述实验原理，按照品牌知名度的阈值对品牌认知度进行反复测算，可得：只要品牌认知度达到品牌知名度的40%以上均为有效。品牌认知度达到有效阈值是指品牌在获得知名度的同时也获得了有效传播，半数以上的消费者不仅知晓该品牌，而且了解品牌更多的知识和信息，了解的程度对消费者产生了有效的影响，此时的品牌认知度是有效下限。结合上述两次实验的结果，品牌认知度有效阈值为1.87%，约为品牌知名度第一个关键点4.69%的40%，意味着获得4.69%以上知名度的品牌，其品牌认知度在1.87%以上即为有效品牌认知度，说明品牌在获得知名度的同时也获得了消费者对品牌的有效认知；反之，如果品牌认知度低于1.87%，则意味着品牌通过营销获得了少数消费者的知晓，但消费者并不知道更多的品牌信息，品牌知名度没有获得应有的传播效果。

将品牌认知度的有效阈值在品牌知名度的40%左右，简单分成有效和效果不足在阈值定性上明显是有瑕疵的，毕竟这只是一个样本量不大的估算。实际操作中，一般把品牌认知度的阈值范围分成三个定性部分，品牌认知度和品牌知名度的比值低于1/3为品牌传播效果不足，该比值高于1/2的为品牌传播效果充分，介于两者之间的为传播效果一般，即

$$\alpha = \frac{R}{Z}$$

其中：

R——品牌认知度；

Z——品牌知名度；

α——品牌认知度与知名度的比值。

情况①：$\alpha \geq 0.5$时，品牌认知度有效，传播效果充分。

情况②：$0.33 < \alpha < 0.5$时，品牌认知度一般，传播效果一般。

情况③：$\alpha \leq 0.33$时，品牌认知度不足，传播效果不充分。

例如，某品牌获得5%的知名度，品牌认知度的有效范围是品牌知名度的40%以上，即2%以上的品牌认知度才是有效的，2%以下的品牌认知度是无效的。再如，某品牌获得40%的品牌知名度，其品牌认知度应在16%以上，低于16%的品牌认知度传播效果不足，但有效。品牌认知度的性质完全取决于它和品牌知名度的比值，而与其绝对值的大小关系不大，其他品牌认知度以此类推。

三、品牌美誉度的有效范围

根据实验确定的关键点，将品牌美誉度a的阈值性质划分为

三个阶段。

（1）$0 \leq a \leq 1.62\%$。

品牌美誉度处于0至1.62%之间，属于效应极低的范围。这一阶段出现了部分消费者的推荐性口碑，品牌产生自传播现象，有少量消费者或媒体在自行进行消费者或媒体间的品牌传播和推荐活动，但数量很少，不具有明显的影响力，但非常重要。

品牌美誉度为0则意味着消费者当中没有自传播者，消费者对该品牌无偏好。即使品牌获得了相当程度的知名度，当品牌美誉度为0的时候，也不能称之为"品牌"，充其量称其为"名牌"。

（2）$1.62\% < a \leq 27.91\%$。

品牌美誉度的第一个关键点是1.62%，突破这个关键点后，消费者的口碑作用开始凸显出来，消费者偏好越来越明显，消费者之间的传播也越来越多。这个阶段属于有效自传播效应发生时期，在这一时期内的品牌极容易发生品牌自传播骤增现象，但每个品牌的骤增点并不确定。

（3）$27.91\% < a \leq 100\%$。

品牌美誉度为27.91%是自传播效应发生的上限。美誉度超过27.91%的品牌，一般都会出现强烈的品牌自传播现象，形成目标消费者产生重复购买的集体偏好，品牌甚至会成为某种生活方式的标志符号，品牌口碑溢出效应明显。

随着品牌知名度的不断增加，受众人群也在不断地扩大，自传播消费者的人数虽然也在增加，但是有时候其增加的速度不及受众人数的增加速度，也会造成品牌美誉度的下降，这是正常的情况。品牌美誉度是处于波动状态的。品牌美誉度积累的速度具有马太效应，开始积累的速度很慢，一旦条件成熟，品牌美誉度就会出现马太效应式的骤增，这一关键点因品牌而异，有的品牌这一关键点位置很低，甚至和品牌美誉度的下限很接近，有的品牌则需要很高的美誉度才会出现拐点，发生品牌美誉度骤增现象。

品牌美誉度的极值理论上可以达到100%，即所有消费者都认可并积极向外传播推荐该品牌，但实际上，当品牌美誉度达到一定高度时，消费者口碑传播会出现大幅度的重复现象。1/3左右的目标人群成为口碑传播者即达到品牌美誉度的上限，超过1/3的目标人群成为口碑传播者的绝大多数品牌都会发生自传播效应的快速扩散现象，出现高度的品牌忠诚者。

四、品牌忠诚度的有效范围

品牌忠诚度是与品牌时效性有关的一个重要参数。从经营的角度来看，品牌具有较高的品牌忠诚度，标志着消费者偏好和消费习惯已经产生并趋于成熟。因此，即使是在有销售的情况下，品牌忠诚度为0的情况也是普遍存在的，这就意味着消费者的购买都是单次购买，没有发生过重复购买的现象。

品牌忠诚度测算就是对消费者的重复购买率的测算，对品牌忠诚度有效阈值的测定，就是测定在品牌忠诚度达到多少时，有50%以上的新消费者第一次体验该品牌的产品能够产生继续购买的意愿。

品牌忠诚度可能不存在是否有效的问题，可以说只要有品牌忠诚度，无论其高低都是有效的。品牌忠诚度可以为0，意味着没有消费者重复购买该品牌的产品，消费没有连续；品牌忠诚度也可以高达100%，意味着消费者对品牌绝对忠诚，同时意味着消费者对其他品牌严格排斥，只重复使用一个品牌的商品，且极容易延伸至同一品牌的其他商品，无论产品门类的差别有多大。

在其他对品牌忠诚度和品牌时效性的实证分析中，品牌忠诚度也确实没有出现明显的拐点，即品牌忠诚度只要非0就是有效的，是能够在一定程度上减弱品牌信息衰退的重要参数。

第三章
调研数据收集过程

第一节　调研准备

一、调研问卷的设计

调研问卷是严格参照国家标准《品牌评价 消费者感知测量指南》（GB/T 39071—2020）的问卷模板设计的，经过项目组成员反复讨论试调，在不偏离国家标准问卷模板的前提下，贴合河北品牌调研要求，最终确认能够准确反映河北品牌信息。

调研问卷设计时未添加基本信息项，因为用户在注册时必须完善个人信息才能填答问卷，原始数据在导出时会一并输出用户的基础信息。调研问卷的内容包括消费者对某个品牌是否知晓，对该品牌的认知程度，是否具有自传播现象，以及消费者是否重复购买等问题。

二、调研范围的确定

本次河北品牌的调研对象为"填呗"App在线注册的真实用户所组成的固定样本库，地域涵盖全国各个省份。每份调研问卷在全国范围内各收集1000份有效数据，其中每份调研问卷在河北省大约收集100份有效数据，在其他省份大约收集900份有效数据。

三、调研平台简介

本次河北品牌调研的全部数据均由北京卓闻数据科技有限公司旗下的调研平台"填呗"App收集完成。"填呗"App是一个拥有众多实名注册用户的可靠固定样本库，是专门为有调研需求的高等院校师生及其他有调研需求的政府机构、企业及研究院等提供数据服务的稳定可靠的调研平台。组织问卷时平台应用了多项问卷质量控制检测技术，包括一致性检测题、数字及文字检测题等，以确保调研数据客观、准确。在问卷发放时，根据调研要求可以设置随机发放，即问卷会由系统随机发放给指定数量的用户，也可以按照用户的性别、年龄、职业、收入情况等进行分类发放；为保证问卷填答的流畅性，也会进行分类逐级发放。

自"填呗"App正式上线以来，随着业务的顺利接洽、App的不断升级以及公众号的大力宣传，有越来越多的人知晓"填呗"App，并进行实名注册登录，用户只需完成平台发布的调研问卷即可领取红包和积分奖励。被调研用户是经过严格筛选，问卷填答质量处于良好水平以上的真实用户，能够保障数据的真实性。

第二节　数据收集

一、调研周期

数据收集任务从2023年2月22日开始实施，至2023年6月初结束。本次调研分为两个时间段：2023年2月22—28日，对河北省品牌进行预调研；2023年3月1日至6月初，对河北省品牌进行正式调研，问卷发放间隔为4~5天。从2023年6月5日开始至6月中旬，为提高数据样本量，对部分品牌展开补充调研。

二、调研阶段性内容

本次河北品牌调研可细分为5个阶段，各阶段的工作内容如下。

第一阶段，与此次负责河北省品牌调研工作的人员进行问卷设计沟通，确定每份问卷的红包金额以及积分设置情况，选择恰当的激励组合。

第二阶段，按照调研目标开展组卷工作，并在问卷题目中添加检测题，适当提高用户填写问卷的难度，其目的在于提高数据质量的可信度。

第三阶段，按照全国和河北省两个范围定向发放问卷，问卷发放工作按照分类分级的原则进行，并由专人负责监督数据质量。

第四阶段，关闭问卷。在数据收集完毕后立即关闭问卷，导出系统中的原始数据并留存，为后续数据筛查工作做准备。在数据清洗过程中，若出现不合格数据则直接剔除，必要时重新开放问卷，补充调研样本量，以确保数据数量在要求的范围内。

第五阶段，对筛查完毕并符合要求的数据展开分析。

第三节 数据质量的保障

一、问卷设计具有针对性

本次河北省品牌调研问卷设计以国家标准《品牌评价 消费者感知测量指南》（GB/T 39071—2020）为主要参考标准，结合河北省品牌调研项目组对品牌的调研要求，对标准问卷进行了适当的调整，使之符合要求。例如，问卷中将品牌是哪种级别的非物质文化遗产作为调研品牌认知度的第一层次问题，紧接着询问填答者对品牌产品的了解情况，以检测用户是否认真填答问卷，其根本目的是保障调研数据的真实性。

二、调研对象的选择具有全面性

调研对象的选择具有全面性，不仅会调研河北省品牌在省内的知名度、认知度、美誉度及忠诚度，并且会将问卷逐步发放给"填呗"App

内的所有注册用户填写，其范围设定为全国用户。在数据收集结束后，分析人员对调研数据进行筛选分类并分析，即对河北省内数据和包括河北省在内的全国数据进行详细分析。

三、问卷填答质量检测

设计问卷时会在问题中间穿插检测题以实时检测用户填答问卷的认真程度。检测题包括假品牌检测题、一致性检测题、数字或文字检测题、计算检测题等，目的是防止机器人作答，对用户填答问卷的认真程度进行监测。通过对问卷进行分类分段发放，对问卷发放范围进行限制，来保证及时有效地对数据进行筛选检查，及时剔除不合格数据。

四、问卷整理和筛选

在问卷收集过程中由工作人员定期进行质量检查，对于数据收集完成的问卷立即进行整理归纳。所有原始调研问卷均会经过数据清洗、系统统计、模块化计算等几个步骤，以确保计算所用数据真实有效，保证分析结果的科学性，最终获得各个品牌的知名度、认知度、美誉度、忠诚度等指标数据，并加以定量分析。所有数值皆可追溯到原始数据，本研究报告中的所有分析数据均能够保证真实性和有效性。

第二部分

河北畜牧类品牌资源指标分析

第四章
河北畜牧类品牌的各项指标汇总及解读

第一节　河北畜牧类品牌指标汇总

本次河北省调研的畜牧类品牌共计9个,对品牌的知名度、认知度、美誉度和忠诚度指标数据进行了汇总,如表4-1所示。

表4-1　河北畜牧类品牌指标汇总

序号	品牌	指标范围	知名度（%）	认知度（%）	美誉度（%）	忠诚度（%）
1	宇腾羊绒	全国	33.10	20.60	8.70	5.60
		河北省	22.34	14.89	10.64	6.38
2	清河羊绒	全国	27.20	21.75	9.60	6.00
		河北省	38.55	35.54	15.66	12.05
3	肃宁裘皮	全国	25.10	17.00	8.30	4.90
		河北省	37.50	26.56	10.42	5.21
4	新希望天香	全国	29.60	21.10	11.10	10.00
		河北省	41.86	34.30	19.77	24.42
5	广野	全国	20.78	13.56	6.04	4.50
		河北省	18.81	15.35	9.90	6.93
6	双鸽	全国	42.50	26.50	13.60	11.60
		河北省	56.92	41.54	20.00	21.54
7	千喜鹤	全国	36.40	14.90	12.50	12.30
		河北省	52.94	22.94	21.18	31.76
8	三利毛纺	全国	35.10	20.40	9.50	8.00
		河北省	44.59	27.70	16.22	14.86
9	大厂肥牛	全国	37.30	20.50	12.40	9.80
		河北省	34.33	16.42	19.40	19.40

第二节 河北畜牧类品牌各项指标初步解读

从表4-1所示的河北畜牧类品牌指标汇总中可知，上述9个河北畜牧类品牌的全国知名度均超过品牌知名度的第一个关键点4.69%，这意味着上述品牌为获取知名度进行过专门的努力，都拥有了一定的消费者基础。其中双鸽品牌的全国知名度和省内知名度均已超过品牌知名度的第三个关键点37.50%，逐步朝全国性品牌发展。另有部分品牌如清河羊绒、千喜鹤、新希望天香、三利毛纺的省内知名度均已超过品牌知名度的第三个关键点，这意味着河北省内的消费者对这些品牌拥有较好的品牌认知基础，熟悉品牌的种类、价格、LOGO等，产生了明显的消费者区隔，甚至在面对异质异价的同类产品时会产生消费者偏好。

从品牌认知度与品牌知名度的关系来看，除千喜鹤品牌外，其他8个品牌的全国认知度和知名度的比值均已超过50%，意味着品牌传播效果充分，消费者对品牌形成的认知是有效的。其中清河羊绒、新希望天香品牌，无论是在全国还是河北省范围内，其品牌认知度与品牌知名度的比值都超过了70%，说明其品牌传播策略或是传播渠道选择与目标消费者偏好较为一致，使品牌宣传信息能够充分有效地触达消费者。

从品牌美誉度指标来看，上述9个河北畜牧类品牌的全国和省内指标均已超过品牌美誉度的第一个关键点1.62%，突破这一关键点后，消费者的口碑作用开始凸显出来，消费者偏好越来越明显，消费者之间的品牌传播也越来越多。从品牌美誉度与品牌认知度的关系来看，宇腾羊绒和千喜鹤品牌的省内美誉度和认知度的比值均已超过70%，意味着对这些品牌有着较深认知的消费者充分转化为口碑传播者；但其他品牌的美誉度与认知度之间的差距较大，只实现了对品牌有着较深认知的消费者到品牌传播者的部分转化，品牌仍有一定的美誉度提升空间。

从品牌忠诚度指标来看，表中9个河北畜牧类品牌都有消费者产生重复购买行为，其中，新希望天香、千喜鹤和双鸽品牌的省内忠诚度高于美誉度，说明品牌的自传播能力有溢出，但低品牌美誉度下的高品牌忠诚度说明这一销售成果可能不是品牌的原因形成的，而是另有原因，诸如价格、渠道、促销等其他途径或工具。品牌美誉度与品牌忠诚度偏低可能存在以下原因：一是品牌的产品或者服务与消费者预期不符，消费者对品牌的认知可能是基于先前的宣传、广告或是口碑等渠道形成的，而在亲身体验后，品牌产品或服务与其预期不符，可能会对品牌美誉度产生负面影响。二是品牌所属行业竞争激烈，由于品牌行业差异化程度较小，其他竞争对手的品牌活动和宣传可能会影响消费者对品牌的认知度和美誉度。三是消费者对品牌的认知度和美誉度往往会受到个人消费偏好和经验的影响，不同的消费者可能因为自身的消费偏好、需求或过往经验而对品牌形成不同的认知度和美誉度，这种个体差异或者偏好可能导致消费者对品牌的认知无法充分转化为品牌美誉度和品牌忠诚度。

纵观上述9个河北畜牧类品牌，品牌结构基本合理，品牌指标间的比率也较为合理。大部分品牌都具有原产地优势，会出现省内品牌指标结构优于全国品牌指标结构的情况，其中宇腾羊绒、大厂肥牛品牌的全国知名度和认知度高于省内品牌指标，出现这一情况可能的原因有以下几点：一是品牌定位为全国市场覆盖，在全国范围内开展了广泛的市场推广和销售活动，使得品牌在全国范围内得到了更多的曝光和消费者认知，如全国范围内的广告投放，线上销售和推广，参与全国性的行业展会，等等。二是品牌可能与全国性的供应链合作伙伴、经销商或零售商建立了紧密的合作关系，从而在全国范围内建立了更广泛的销售渠道。

三是品牌可能针对特定的目标用户群体进行了有针对性的市场定位和推广活动。虽然品牌在省内的知名度不高，但由于该品牌在全国范围内的独特定位以及所采取的差异化竞争策略，获得了特定消费者群体的关注和认可，从而在全国范围内形成了较高的品牌知名度和品牌认知度；但该品牌在全国范围内的品牌美誉度和品牌忠诚度均低于省内品牌指标，未来品牌仍需注重消费者反馈，持续改进和创新产品，提高消费者体验。

第五章
河北畜牧类品牌个案分析

第一节　宇腾羊绒

一、宇腾羊绒品牌简介

河北宇腾羊绒制品有限公司（以下简称"宇腾羊绒"）以内蒙古、新疆、甘肃、青海等地的优质羊绒为主要羊绒原料，年销售额、年出口额均居羊绒同行业首位，是河北省著名的羊绒精细加工企业、全球高端羊绒供应商。

宇腾羊绒以"品德、品质、品牌"为经营理念，努力打造羊绒品牌——"YUTENG（宇腾）"，不断开发羊绒新品，并保持优异的羊绒产品品质，持续开拓国内外市场，专注于羊绒行业，致力于为客户提供令人满意的羊绒产品。

二、宇腾羊绒品牌的基础指标与分析

宇腾羊绒品牌的基础数据，如表5-1所示。

表5-1　宇腾羊绒品牌的基础数据

指标范围	知名度（%）	认知度（%）	美誉度（%）	忠诚度（%）
全国	33.10	20.60	8.70	5.60
河北省	22.34	14.89	10.64	6.38

宇腾羊绒品牌的全国知名度为33.10%，超过了品牌知名度的第二个关键点16.13%，出现了大范围的消费者认知，消费者对品牌产品的品类、价格、包装、LOGO等信息都有了较深的认知。品牌全国认知度达到了全国知名度的62.24%，表明品牌获得了有效传播。宇腾羊绒品

牌在全国范围内的品牌知名度和品牌认知度高于在河北省内的品牌指标水平，这意味着品牌已经褪去区域性品牌特征。

从表5-1中的基础指标数据可知，无论是在全国范围内还是在河北省内，消费者对宇腾羊绒品牌的正确认知都未能充分转化为对品牌的赞美，消费者偏好不显著。全国范围内的品牌美誉度远低于品牌认知度，出现这种情况的原因可能是消费者对品牌产品或服务的体验未能达到预期，造成品牌美誉度偏低。结合宇腾羊绒的行业特征来看，羊绒制品的价格较高，且普通消费者很难准确判断产品的质量情况，消费者更倾向于购买高知名度品牌，这也导致了宇腾羊绒品牌的全国美誉度和忠诚度相对较低，且品牌全国忠诚度低于其美誉度，无法实现品牌的自传播能力向重复购买率的转移。因此，宇腾羊绒品牌需要进一步提高其知名度，增强品牌口碑传播效率。

综上所述，表5-1中宇腾羊绒品牌的品牌指标呈现逐次下降的结构，需要注意提升品牌的知名度及口碑传播效率。

第二节 清河羊绒

一、清河羊绒品牌简介

清河羊绒产业历经40余年的发展，目前清河县已成为全国最大的羊绒原料集散地和重要的羊绒制品生产加工基地，被誉为中国羊绒之都、中国羊绒纺织名城。清河羊绒成为英国道森有限公司等世界知名企业的金牌供应商，被列为省重点扶持的超百亿元县域经济特色产业集群，品牌配套体系完善，建有省级羊绒产业研究院、羊绒设计中心、羊绒生产力促进中心、德成网络跨境电商基地等10余个创新平台。

二、清河羊绒品牌的基础指标与分析

清河羊绒品牌的基础数据，如表5-2所示。

表5-2 清河羊绒品牌的基础数据

指标范围	知名度（%）	认知度（%）	美誉度（%）	忠诚度（%）
全国	27.20	21.75	9.60	6.00
河北省	38.55	35.54	15.66	12.05

清河羊绒品牌的全国知名度为27.20%，消费者对品牌表现出了购买意愿，并形成了良好的消费者知晓基础。在河北省内该品牌知名度更高，说明品牌在省内的传播更为广泛，可能对消费者选择偏好产生影响，可作为有用的竞争工具。如有一定的品牌认知度做基础，该品牌的口碑传播将会更加有效，从表5-2中可知，该品牌在河北省内的认知度为35.54%，已经达到知名度的90%以上，此时的品牌表现为认知度非常有效，传播效果充分，同时也说明品牌知名度是在消费者对品牌有一定认知的基础上增长的，但该品牌在全国范围内的认知度一般。

该品牌的全国美誉度相比于其认知度则更低，说明消费者对该品牌的产品和服务的体验并没有达到其预期，导致品牌口碑效果不显著。该品牌在河北省内的美誉度也远低于其认知度，消费者对品牌的赞许偏低。观其忠诚度，也与美誉度有一定的差距，消费者对品牌的偏好并未完全转化为对品牌的重复购买，未能给品牌带来良好的经济效益。

综上所述，清河羊绒品牌的全国和河北省内的认知度与美誉度均差距较大，所以品牌需要在产品品质、品牌服务等方面做出努力。

第三节　肃宁裘皮

一、肃宁裘皮品牌简介

肃宁裘皮，河北省肃宁县特产，中国国家地理标志产品。

肃宁裘皮产业的历史可追溯到明末清初，改革开放后取得了长足的发展，形成了毛皮动物养殖、市场集散、原皮鞣制染色、裘皮加工、制衣制件、成衣销售、出口贸易一条完整的产业链条，涵盖皮革服装、裘皮服装、尼克服等几大系列产品，水貂服装毛绒丰足、针毛齐全、色泽光润、板质良好；貂绒服装轻盈精美、轻柔顺滑。肃宁裘皮产业拥有中国驰名商标2个、中国名牌产品1个、省著名商标8个、省名牌产品5个，13家企业佩挂"真皮标志"，1家企业获得"中国裘皮名装"称号，裘皮产业被列为沧州市"18+7"特色产业集群。

2015年2月11日，国家质量监督检验检疫总局批准对肃宁裘皮实施地理标志产品保护。肃宁县先后被国家标准化管理委员会确定为"国家级标准化特种动物养殖示范区"，被中国皮革协会命名为"中国裘皮之都"，被河北省政府认定为"省级裘皮服装加工出口基地"。

2020年7月27日，肃宁裘皮入选中欧地理标志第二批保护名单。

二、肃宁裘皮品牌的基础指标与分析

肃宁裘皮品牌的基础数据，如表5-3所示。

表5-3　肃宁裘皮品牌的基础数据

指标范围	知名度（%）	认知度（%）	美誉度（%）	忠诚度（%）
全国	25.10	17.00	8.30	4.90
河北省	37.50	26.56	10.42	5.21

肃宁裘皮品牌的全国知名度为 25.10%，超过品牌知名度的第二个关键点 16.13%，部分消费者对该品牌有了一定的认知，表现出区别于对异质异价的同类产品明显的购买意愿，开始形成品牌偏好。品牌的全国认知度为 17.00%，为全国知名度的 67.73%，说明大部分知晓品牌信息的消费者对品牌的认知程度较深，包括对品牌产品类型、原产地、品质等要素的认知；但由于该品牌本身知名度偏低，所以消费者认知仅限于小部分人群。此外，由于肃宁裘皮品牌旗下有众多子品牌，对母品牌的宣传并不充分，所以消费者对母品牌的知晓和认知均处于低水平状态。该品牌在河北省内的知名度和认知度要高于全国品牌指标，但相对于本次调研的高知名度品牌还处于较低水平。

肃宁裘皮品牌的全国美誉度仅为 8.30%，消费者有品牌偏好，口碑作用也凸显出来，但品牌美誉度偏低，不到品牌知名度的 50%。品牌的全国忠诚度为 4.90%，说明品牌美誉度没有充分转化为消费者的重复购买，这会影响新消费者向忠诚消费者的转变。这一情况的产生与企业对母子品牌的经营策略息息相关，企业要想发展母品牌，可以借助品牌名称中的地名形成地区优势，进而扩大品牌影响力。

从表 5-3 中的数据可以看出，该品牌的河北省内指标结构呈依次下降趋势，说明品牌发展状况不稳定，企业需注意品牌宣传力度的提升及口碑积累。

第四节　新希望天香

一、新希望天香品牌简介

河北新希望天香乳业有限公司（以下简称"新希望天香"）是新希

望集团旗下子公司，公司系新希望集团于2003年1月收购原保定农垦总公司所辖的天香乳业公司而成立的。注册资本3000万元人民币，新希望集团控股99%。

公司集研发、生产、加工、销售于一体，拥有乳酸菌饮料、天香酸牛奶、天香鲜牛奶、天香奶粉、天香高乐高五大系列60多个品种。公司的资本实力、技术水平、经营管理水平上了一个新的台阶，销售收入、销售量迅速提升，企业发展进入快速成长期。

二、新希望天香品牌的基础指标与分析

新希望天香品牌的基础数据，如表5-4所示。

表5-4 新希望天香品牌的基础数据

指标范围	知名度（%）	认知度（%）	美誉度（%）	忠诚度（%）
全国	29.60	21.10	11.10	10.00
河北省	41.86	34.30	19.77	24.42

新希望天香品牌的全国知名度为29.60%，突破了品牌知名度的第二个关键点16.13%，出现了大范围的消费者认知，消费者对新希望天香品牌产品的品类、价格、包装、LOGO等信息都有了较深的认知，形成了良好的品牌认知基础。新希望天香品牌的全国认知度达到了全国知名度的71.28%，消费者的品牌认知程度高，品牌获得了有效传播。新希望天香品牌的全国知名度和认知度低于河北省内的指标水平，品牌更关注河北省内的目标消费者之间的传播，营销策略实施更加有效，区域性品牌特征显著。

新希望天香品牌的全国忠诚度与美誉度基本平衡，由于奶制品行业的市场领导者已经占据领先优势，后续市场挑战者也在从品牌、产品等领域争夺市场份额，奶制品行业竞争压力大，这些竞争者会影响消费者

在产生品牌认知后的自传播行为与购买行为，导致消费者对品牌的正确认知未能充分转化为对品牌的赞美，消费者偏好不显著。正因如此，新希望天香品牌的美誉度和忠诚度数值均低于其认知度。品牌需注重产品品质和服务等方面的提升，提高消费者的重复购买率。

综上所述，表5-4中新希望天香品牌在全国和河北省内的指标结构有所差异，品牌全国指标数据呈现依次下降结构，河北省指标结构接近最优结构，但品牌美誉度与认知度相比偏低，需要注意品牌的口碑传播，加强对产品品质的管理。

第五节 广野

一、广野品牌简介

唐山广野食品集团有限公司（以下简称"广野集团"）位于素有"畿东第一城"之称的河北省遵化市，北靠长城，南临渤海，处于北京、天津、曹妃甸经济技术开发区内，大秦铁路、唐承高速横贯市区，地理位置优越，交通十分便利。广野集团是河北省首批确认的农业产业化经营重点龙头企业。广野集团由最初以蔬菜出口加工为主要业务，发展为对多种蔬菜、山野菜、干鲜果品进行深加工的农业产业化食品集团。

广野集团创造出"公司＋合作社＋农户"的农产品订单的广野模式，2021年12月22日被认定为第七批农业产业化国家重点龙头企业。

二、广野品牌的基础指标与分析

广野品牌的基础数据，如表5-5所示。

表5-5　广野品牌的基础数据

指标范围	知名度（%）	认知度（%）	美誉度（%）	忠诚度（%）
全国	20.78	13.56	6.04	4.50
河北省	18.81	15.35	9.90	6.93

广野品牌的全国知名度为20.78%，突破了品牌知名度的第二个关键点16.13%，出现了大范围的消费者认知，消费者对广野品牌产品的品类、价格、包装及LOGO等信息都有了较深的认知，形成了良好的品牌认知基础。广野品牌全国认知度达到了全国知名度的65.26%，消费者的认知程度较高，品牌获得了有效传播。广野品牌的全国知名度和认知度略高于河北省内的品牌知名度和认知度，可能是因为广野品牌的产品部分属于酱菜类，易于运输和储存，风味符合大众饮食口味，所以产品在其他省份也有大量销售，从而被消费者认知。

从表5-5中的品牌基础指标对比可知，无论是全国范围内还是河北省内，广野品牌的美誉度均低于其认知度，一方面可能是由于产品或服务的质量并没有让消费者产生自传播和重复购买的意愿，另一方面可能是由于农产品的同质性导致消费者对农产品品牌的关注程度较低。在这一阶段，品牌需要扩大自身的知名度，将品牌特征鲜明化，注重产品品质和服务质量等方面的提升，优化消费者的深度体验，提高品牌美誉度。

综上所述，广野品牌的品牌指标结构良好，各品牌指标之间的关系也很合理，品牌传播效率较高，消费者对品牌的口碑能够充分转化为消费者的实际购买行为。在未来的发展中企业可以考虑加强广告宣传力度，扩大品牌宣传范围，加深目标消费者对品牌的认知。

第六节　双鸽

一、双鸽品牌简介

河北双鸽食品股份有限公司（以下简称"双鸽"）是集生猪的良种繁育、屠宰分割、肉制品深加工、冷冻冷藏、连锁销售为一体的现代化食品加工企业，2015年荣膺国家生猪核心育种场、农业部畜禽标准化示范场。双鸽连锁销售网络辐射省会各农贸市场、街道、社区等，被消费者称为"放心肉店"，成为消费者身边的家庭厨房，形成了从土地到餐桌全程冷链的安全放心的流通体系。

该公司先后荣获"全国养猪行业百强企业""中国肉类食品行业50强企业""全国绿色食品示范企业""全国食品冷库标兵企业""河北省食品安全诚信单位"等诸多荣誉，跨入了农业产业化国家重点龙头企业的行列。双鸽正逐步从传统销售渠道扩展到电子商务领域，依托微商城、京东等电子商务平台，通过开发椒麻猪皮等适应新市场需求的新产品，提高品牌知名度，开拓全新消费市场，提高初级农产品附加值，使生猪产业链向纵深发展。

二、双鸽品牌的基础指标与分析

双鸽品牌的基础数据，如表5-6所示。

表5-6　双鸽品牌的基础数据

指标范围	知名度（%）	认知度（%）	美誉度（%）	忠诚度（%）
全国	42.50	26.50	13.60	11.60
河北省	56.92	41.54	20.00	21.54

双鸽品牌的全国知名度为42.50%，超过了品牌知名度的第三个关键点37.50%，说明半数以上的消费者对该品牌的原产地、产品类型等信息的认知程度高，且能够大致描述品牌信息，能够产生明显的消费者区隔，对消费者偏好具有一定的影响力。双鸽品牌的全国认知度为26.50%，与全国知名度的比值为62.35%，消费者对品牌的知晓已经充分地转化为对品牌的正确认知，对消费者产生了较大的影响。

品牌全国美誉度为13.60%，消费者口碑作用开始凸显出来，但其数值相较于品牌全国认知度而言仍然偏低，结合品牌美誉度与品牌忠诚度的关系来看，大部分自传播者出现了重复购买行为，这意味着消费者在体验了双鸽品牌的产品或服务后比较满意。结合双鸽品牌的产品来看，肉制品行业存在市场领先者，在其他知名同类品牌的影响下，很多消费者即使对双鸽品牌有着充分的认知，也没有进入自传播阶段。

双鸽品牌河北省内的各项指标均高于其全国水平，品牌优先在河北省内进行供应链铺建和销售，对省内的目标消费者更为关注，营销策略实施更加有效，区域性品牌特征显著。

综上所述，表5-6中双鸽品牌的指标结构有一定的差异，品牌全国指标数据依次下降，河北省指标结构接近次优结构。

第七节 千喜鹤

一、千喜鹤品牌简介

河北千喜鹤肉类产业有限公司（以下简称"千喜鹤"）成立于2005年1月。公司坐落于河北省南宫市城市工业二区。注册资金6000万元人民币，年屠宰生猪200万头，是集生猪屠宰、精细分割、物流配送、低温仓储及销售等为一体的农产品加工企业，是河北地区规模最大、标准最高、设备和工艺流程国内一流的现代化大型副食品加工基地。

该公司建立了完善的产品安全体系，涵盖从生猪养殖到屠宰分割加工、产品检验、配送销售的全过程，严格按照欧盟标准和HACCP（危害分析及关键点控制）标准执行。公司生产冷鲜肉系列产品，包括白条、红条、分割品、调理食品，品种达250种以上。2019年12月16日，公司入选"农业产业化国家重点龙头企业名单"。

二、千喜鹤品牌的基础指标与分析

千喜鹤品牌的基础数据，如表5-7所示。

表5-7　千喜鹤品牌的基础数据

指标范围	知名度（%）	认知度（%）	美誉度（%）	忠诚度（%）
全国	36.40	14.90	12.50	12.30
河北省	52.94	22.94	21.18	31.76

千喜鹤品牌在全国的知名度为36.40%，超过了品牌知名度的第二个关键点16.13%，说明半数的消费者对该品牌有较深的认知，有相当一部分消费者对品牌内涵等信息具有较深刻的认识和理解，该阶段品牌对产品营销的促进作用较为明显。品牌全国认知度为14.90%，与全国知名度的比值为40.93%，表明其传播效果一般，消费者能够对品牌进行更多的了解。从表5-7中还可以看出，河北省内的消费者对千喜鹤品牌的知晓和认知程度均高于其全国水平，说明品牌具有一定的区域性特点，在河北省内的影响力较大。

千喜鹤品牌的全国美誉度为12.50%，消费者口碑作用开始凸显出来，消费者之间的品牌传播也越来越广泛。品牌美誉度与品牌认知度比较接近，说明对品牌有充分认知的消费者绝大多数都变成了品牌的口碑传播者。从表5-7中可知，品牌的河北省内美誉度及忠诚度均高于其全国指标水平，说明品牌在所在地拥有更高的消费者口碑及重复购买率。

千喜鹤品牌的全国指标结构接近次优结构，在河北省内的指标结构近似于最优结构，各个品牌指标之间的比例关系比较协调，品牌发展质量良好。不足之处是相对于品牌知名度，千喜鹤品牌的认知度略低，品牌信息传播效果一般。

第八节　三利毛纺

一、三利毛纺品牌简介

三利集团始建于1986年，前身为河北三利毛纺厂，历经十余年的发展，三利集团已成为以毛纺制造、服装服饰为主，向金融证券业、投资咨询业、房地产业、乳业、新型面料、国际贸易等领域发展的大型民营企业集团。

三利集团拥有中国驰名商标。"三利"牌毛线从1991年起连续十年被评为"消费者信得过产品"；2002年，三利集团被河北省工商银行评为AAA级绿色通道执行企业；2003年3月，三利集团通过了ISO9001：2000国际质量体系认证的转版工作。

三利集团现拥有三利毛纺厂、三利国际服装公司、三利房地产公司、上海三利服饰有限公司、宏润新型面料有限公司、北京天雅大厦等16家全资和控股企业。

二、三利毛纺品牌的基础指标与分析

三利毛纺品牌的基础数据，如表5-8所示。

表5-8　三利毛纺品牌的基础数据

指标范围	知名度（%）	认知度（%）	美誉度（%）	忠诚度（%）
全国	35.10	20.40	9.50	8.00
河北省	44.59	27.70	16.22	14.86

三利毛纺品牌的全国知名度为35.10%，超过了品牌知名度的第二个关键点16.13%，出现了大范围的消费者认知，消费者对品牌产品的品类、价格、包装、LOGO等信息都有了较深的认知，形成了良好的消费者认知基础，品牌的商标对消费者选择偏好具有了一定的影响力，在市场竞争中发挥着重要作用。品牌全国认知度达到了全国知名度的58.12%，消费者对品牌的认知程度较高，品牌获得了有效传播。三利毛纺品牌的全国知名度和认知度均低于河北省内的品牌知名度和认知度，具有区域性品牌特征。

从表5-8中的基础指标数据可知，无论是在全国范围内还是在河北省内，消费者对三利毛纺品牌的正确认知都未能充分转化为对品牌的赞美，消费者偏好不显著。毛纺产品具有大众特性，但由于产品同质性强，质量差别小，价格和产品质量成为影响消费者购买决策的主要因素。品牌美誉度远低于品牌认知度，结合三利毛纺品牌的美誉度与忠诚度的比例情况来看，全国与河北省内的品牌美誉度和品牌忠诚度基本相等，相当一部分自传播者有重复购买行为，体验过品牌产品或服务的消费者对品牌具有良好印象，品牌产品质量和服务没有让消费者产生不满，这意味着可能是由于其他品牌的干扰导致消费者即使对品牌有充分的认知也没有进入自传播阶段，品牌需要调整宣传策略，加大宣传力度。

综上所述，表5-8中三利毛纺品牌的品牌指标数据依次下降，需要注意品牌品质管理及口碑传播。

第九节　大厂肥牛

一、大厂肥牛品牌简介

大厂肥牛，是河北省廊坊市大厂县特产，是中国国家地理标志产品。

大厂自古就是皇家牧场，畜牧产业历史悠久，居住在这里的人尤其擅长牛羊饲养、贩运及屠宰加工。1992年，大厂县开始制作肥牛产品。大厂肥牛色泽鲜艳、柔和，呈大理石花纹。

2010年12月29日，国家质量监督检验检疫总局批准对大厂肥牛实施地理标志产品保护。

二、大厂肥牛品牌的基础指标与分析

大厂肥牛品牌的基础数据，如表5-9所示。

表5-9　大厂肥牛品牌的基础数据

指标范围	知名度（%）	认知度（%）	美誉度（%）	忠诚度（%）
全国	37.30	20.50	12.40	9.80
河北省	34.33	16.42	19.40	19.40

大厂肥牛品牌的全国知名度为37.30%，在本次河北省农业品牌调研中处于中等水平，说明全国已有部分消费者对该品牌有了一定的认知，对品牌的包装、质量、口感和原产地等信息有所了解，为品牌的产品推广奠定了基础。大厂肥牛品牌的全国认知度为20.50%，与品牌全国知名度的比值超过了50%，说明品牌传播效果较好，消费者了解到

品牌更多有用的知识；但在河北省内消费者对该品牌的知晓和认知均低于全国指标水平，在本次调研中属极少数现象，分析其可能的原因，一是大厂肥牛的营销重点在省外各城市，二是该品牌在省外的宣传力度更大。

从大厂肥牛品牌的美誉度和忠诚度来看，省内消费者对品牌的认可度更高，对品牌的正向认知充分转化为重复购买率；在全国范围内，品牌美誉度高于品牌忠诚度，厂商可能投入了大量的努力，但收效不佳，无法在营销中获得相应的收益。作为鲜肉供应企业，冷链运输成本及同行业竞争压力大也是限制该品牌传播的一大阻碍。

综上所述，大厂肥牛品牌全国的指标结构呈逐次下降趋势，消费者认知基础高于河北省内，但省内的消费者口碑和重复购买率均高于全国水平，这一现象表明该品牌应首先重视省内市场的开拓，只有提高重复购买率才能使企业获得经营收益；其次应开拓周边省份市场，保障产品品质，扩大品牌正面形象的影响力。

第三部分

河北种植类品牌资源指标分析

第六章
河北种植类品牌的各项指标
汇总及解读

第一节　河北蔬菜类品牌指标汇总

本次河北省调研的蔬菜类品牌共计13个，对品牌的知名度、认知度、美誉度和忠诚度指标数据进行汇总，如表6-1所示。

表6-1　河北蔬菜类品牌指标汇总

序号	品牌	指标范围	知名度（%）	认知度（%）	美誉度（%）	忠诚度（%）
1	平泉香菇	全国	41.30	25.25	14.50	12.30
		河北省	41.58	26.73	14.85	16.83
2	张北马铃薯	全国	40.00	28.15	14.20	11.60
		河北省	43.96	29.67	21.98	19.78
3	望都辣椒	全国	35.10	25.75	12.50	9.90
		河北省	41.67	29.17	18.75	12.50
4	永清蔬菜	全国	31.37	15.85	9.91	9.04
		河北省	33.33	20.00	13.33	20.00
5	万全鲜食玉米	全国	27.38	13.75	9.75	7.64
		河北省	32.69	20.19	19.23	17.31
6	塞北马铃薯	全国	26.45	13.16	7.05	6.30
		河北省	32.14	14.29	8.93	8.93
7	鹏达	全国	24.90	9.40	6.80	3.90
		河北省	20.00	8.82	8.24	4.71
8	邱县蜂蜜红薯	全国	22.73	11.76	6.82	4.89
		河北省	19.67	11.48	9.84	8.20
9	永年蔬菜	全国	22.44	12.04	6.70	6.35
		河北省	28.85	18.27	13.46	15.38

续表

序号	品牌	指标范围	知名度(%)	认知度(%)	美誉度(%)	忠诚度(%)
10	围场马铃薯	全国	21.09	10.80	6.26	5.74
		河北省	21.21	15.15	12.12	12.12
11	遵化香菇	全国	20.91	11.59	6.30	5.04
		河北省	21.43	10.71	14.29	10.71
12	鸡泽辣椒	全国	20.72	11.32	6.80	5.53
		河北省	31.67	20.00	13.33	11.67
13	馆陶黄瓜	全国	16.12	10.84	5.66	4.36
		河北省	15.00	14.17	6.67	8.33

从表6-1所示的河北蔬菜类品牌指标汇总中可以看出，河北蔬菜类品牌的全国知名度几乎都超过了品牌知名度的第二个关键点16.13%，且大部分品牌在河北省内的知名度高于在全国的品牌知名度，说明消费者对品牌有较深的知晓和认知基础，且在河北省内的品牌影响力优于全国范围内的品牌影响力。其中馆陶黄瓜品牌的全国知名度高于省内指标水平，但品牌全国认知度低于省内指标水平，出现这种情况的原因可能是品牌在全国范围内开展了广泛的市场推广宣传活动，如全国范围内的广告投放、线上销售和推广等，使得品牌短时间内在全国范围内得到了更多的曝光，提高了全国范围内的品牌知名度水平。从品牌认知度与品牌知名度的关系来看，几乎所有蔬菜类品牌的认知度与知名度的比值都超过了50%，这意味着品牌传播效果充分，具有有效的传播途径或是容易被消费者认知的内容。

从品牌美誉度指标分析中可以发现，上述13个蔬菜类品牌的美誉度均超过了品牌美誉度的第一个关键点1.62%，这意味着消费者口碑作用开始凸显出来，消费者偏好也越来越显著，品牌处于有效自传播效应发生阶段。其中围场马铃薯、张北马铃薯、万全鲜食玉米、鹏达、遵化香菇、永年蔬菜和邱县蜂蜜红薯的省内美誉度与认知度之比均高于70%，这意味着对品牌有充分认知的消费者充分地转变为品牌的口碑传播者，这些品牌在河北省内获得了大部分消费者的认可和赞许。

从品牌忠诚度指标分析中可以发现，上述13个蔬菜类品牌均出现了消费者重复购买行为，拥有一定的忠实消费者基础。其中平泉香菇、塞北马铃薯、围场马铃薯、永年蔬菜、永清蔬菜、馆陶黄瓜6个蔬菜类品牌的河北省内忠诚度指标接近或者略高于其省内美誉度，说明品牌的自传播能力有溢出现象，有相当部分的口碑传播者有重复购买行为，这使得品牌知名度、品牌认知度和品牌美誉度三项指标形成的品牌指标结构能够在营销中充分发挥作用，使得厂商在企业经营中能够充分运用品牌作为营销工具使用。

综合分析上述13个河北蔬菜类品牌的指标结构可以发现，大多数品牌存在美誉度、忠诚度偏低的情况，可能是由于品牌品质或者服务与消费者基于先前的宣传、广告或是口碑等渠道产生的预期不符，或是品牌所处行业竞争激烈，产品差异化程度较小，未能使消费者个人偏好发生转移。未来品牌仍需加强品牌建设，注重对产品品质的把控，同时创新营销推广策划方案，采取新的营销手段扩大品牌影响力。

第二节　河北水果类品牌指标汇总

本次河北省调研的水果类品牌共计17个，对品牌的知名度、认知度、美誉度和忠诚度指标数据进行汇总，如表6-2所示。

表6-2 河北水果类品牌指标汇总

序号	品牌	指标范围	知名度（%）	认知度（%）	美誉度（%）	忠诚度（%）
1	沧州金丝小枣	全国	53.80	30.80	17.60	16.00
		河北省	76.04	37.50	29.17	27.08
2	富岗苹果	全国	41.70	26.00	15.20	13.60
		河北省	54.22	37.35	30.12	28.92
3	承德国光苹果	全国	40.08	26.36	13.36	14.93
		河北省	43.94	24.24	22.73	24.24
4	赵县雪花梨	全国	36.90	22.00	13.50	12.20
		河北省	64.71	39.41	28.24	31.76
5	泊头鸭梨	全国	36.40	23.05	12.10	10.20
		河北省	39.58	29.17	22.92	19.79
6	顺平桃	全国	35.10	23.65	10.20	8.50
		河北省	35.80	25.31	18.52	17.28
7	饶阳葡萄	全国	35.00	19.25	11.40	8.60
		河北省	40.30	23.88	17.91	14.93
8	黄骅冬枣	全国	34.10	21.60	12.20	11.10
		河北省	55.21	39.58	26.04	28.13
9	宣化牛奶葡萄	全国	31.82	15.51	9.09	6.02
		河北省	32.79	19.67	14.75	9.84
10	深州蜜桃	全国	29.90	15.70	10.30	7.90
		河北省	40.00	23.00	17.00	13.00
11	魏县鸭梨	全国	27.89	13.78	9.26	6.86
		河北省	41.67	26.67	18.33	16.67

续表

序号	品牌	指标范围	知名度（%）	认知度（%）	美誉度（%）	忠诚度（%）
12	满城草莓	全国	27.60	17.80	9.20	7.60
		河北省	37.04	23.46	16.05	14.81
13	晋州鸭梨	全国	23.62	8.87	8.58	7.29
		河北省	26.92	12.5	17.31	21.15
14	威梨	全国	19.45	11.32	7.65	6.27
		河北省	18.33	10.00	13.33	10.00
15	山海关大樱桃	全国	18.18	9.83	5.80	3.64
		河北省	22.95	15.57	9.84	9.84
16	青县羊角脆	全国	17.27	8.75	4.66	3.75
		河北省	18.03	9.02	9.84	8.20
17	新乐西瓜	全国	14.99	8.69	4.53	4.16
		河北省	23.21	11.61	10.71	10.71

如表6-2所示，此次调研的17个河北水果类品牌的全国知名度大多处于品牌知名度的第二个关键点16.13%至第三个关键点37.50%之间，品牌具有良好的消费者认知基础，在营销中的作用开始显现出来。其中沧州金丝小枣、富岗苹果及承德国光苹果的品牌知名度均超过了品牌知名度的第三个关键点37.5%，达到了40%以上，品牌已经在全国范围内具有较大影响力，被多数消费者所了解。此时品牌能够对消费者选择偏好产生影响，品牌已经成为竞争中的有效工具。对比全国及河北省指标可以看出，承德国光苹果、威梨、晋州鸭梨、泊头鸭梨、饶阳葡萄、宣化牛奶葡萄、青县羊角脆、山海关大樱桃、顺平桃品牌的全国知名度与河北省知名度数据相当接近，品牌区域性特征不明显，有发展为全国性

品牌的趋势。

上述17个河北水果类品牌的认知度与知名度的比值范围绝大多数在48.74%至67.38%之间，其中有14个品牌的全国认知度与知名度的比值大于50%，说明这17个河北水果类品牌的传播方式较好，传播效率较高，能够使多数消费者了解到品牌内涵、产品类型、产品产地等相关信息，高品牌认知度能够为品牌美誉度起到支撑作用，使品牌能够长期、稳定地发展。

调研的水果类品牌获得了相对不错的品牌美誉度，17个品牌的美誉度均突破了品牌美誉度的第一个关键点1.62%，获得了一定的消费者口碑，但品牌美誉度表现出较明显的地区差异，品牌的河北省美誉度均明显高于全国美誉度，前者数值大约是后者数值的两倍，造成这种现象的原因可能有以下两点：第一，水果类产品同质性较高，市场上不同品牌的同类型产品之间差异并不大，因此在购买过程中消费者可能更加关注产品的新鲜程度、产品价格等因素，更习惯就近购买，而没有把产品品牌作为重要考虑因素，即使产生了多次购买行为，可能也并没有关注产品的品牌。第二，市场上有众多品牌的同类型产品，品牌名称五花八门，给消费者口碑传播造成了一定的阻碍和困扰。从品牌美誉度和品牌认知度的关系来看，多数品牌的美誉度占认知度的50%~60%，消费者认知向口碑的转化还有提升的空间，也可能是因为产品的品质还不够突出，未能使消费者产生深刻的印象。其中晋州鸭梨全国的品牌美誉度与品牌认知度的比值在此次调研的水果类品牌中水平最高，达到了96.73%，品牌获得了消费者的高度认可。此外，分析河北省品牌指标可以发现，威梨、晋州鸭梨、青县羊角脆品牌在河北省获得了消费者的高度评价，其品牌美誉度均高于品牌认知度，产品品质获得了当地消费者的高度评价。

最后，这17个河北水果类品牌都获得了有效的品牌忠诚度，在全国范围内已经培养了一批忠实消费者，品牌忠诚度与品牌美誉度的比值大多处于70%至90%的区间内，消费者对品牌的口碑能够在很大程度上向实际购买行为进行转移。其中承德国光苹果品牌的全国忠诚度与全国美誉度的比值达到了111.75%，消费者口碑发生溢出效应，口碑转化充分，相当部分的自传播者或口碑传播者有重复购买行为。从河北省内指标分析，承德国光苹果、晋州鸭梨、新乐西瓜、山海关大樱桃、黄骅冬枣、赵县雪花梨这六个品牌的省内忠诚度均等于或略高于省内美誉度，说明品牌的自传播能力有溢出，品牌知名度、品牌认知度和品牌美誉度三项指标形成的品牌指标结构能够在营销中充分发挥作用，品牌作为营销工具对实际的产品销售发挥了极大作用。

第三节 河北坚果类品牌指标汇总

本次河北省调研的坚果类品牌共计7个，对品牌的知名度、认知度、美誉度和忠诚度指标数据进行汇总，如表6-3所示。

表6-3 河北坚果类品牌指标汇总

序号	品牌	指标范围	知名度（%）	认知度（%）	美誉度（%）	忠诚度（%）
1	亚欧果仁	全国	46.70	33.00	15.20	14.00
		河北省	38.61	26.73	16.83	15.84
2	阜平大枣	全国	40.20	26.35	12.90	10.30
		河北省	41.98	29.01	14.81	17.28
3	宽城板栗	全国	36.80	21.65	12.50	11.10
		河北省	42.57	27.23	14.85	19.80
4	迁西京东板栗	全国	30.80	17.95	10.90	10.70
		河北省	33.75	23.75	13.75	13.75

续表

序号	品牌	指标范围	知名度（%）	认知度（%）	美誉度（%）	忠诚度（%）
5	绿岭	全国	30.30	23.75	11.10	7.70
		河北省	32.39	28.17	15.49	12.68
6	临城核桃	全国	26.41	10.96	7.31	5.95
		河北省	28.79	18.94	9.09	10.61
7	滦州花生（东路花生）	全国	16.12	8.25	4.53	4.41
		河北省	23.21	10.71	14.29	12.50

本次调研的河北省7个坚果类品牌的全国知名度基本上都达到了品牌知名度的第二个关键点16.13%，此时品牌开始出现大范围的消费者认知，有相当部分的消费者对产品、企业及品牌内涵等信息有了较深的理解和认知，可以说此时的品牌具有了良好的消费者知晓基础。其中亚欧果仁、阜平大枣品牌的全国知名度更加突出，都超过了品牌知名度的第三个关键点37.5%，此时的品牌表现为半数以上的消费者对品牌非常熟悉，而且能够辨识品牌LOGO，能够大致描述出广告内容、品牌内涵或产品风格，此时的品牌具有了对消费者选择偏好的影响力，其性质为有用的竞争工具，在激烈的市场竞争中发挥了重要作用。这7个河北坚果类品牌的全国知名度和河北省内的知名度差距并不大，甚至亚欧果仁品牌在全国范围内的知名度要高于在河北省内的知名度，可见这7个品牌的区域性特征正逐渐褪去，有向全国性品牌迈进的趋势。

上述7个河北坚果类品牌取得了不错的品牌传播效果，品牌认知度与品牌知名度的比值基本上都达到了理想值50%，消费者对品牌信息有进一步的了解，这也为品牌后续获得美誉度和忠诚度奠定了基础。其中亚欧果仁、绿岭品牌的全国认知度与全国知名度的比值分别是70.66%、

78.38%，属于超过大多数品牌的较高水平，品牌传播效率很高。

在品牌美誉度指标方面，上述7个品牌都获得了一定的消费者口碑，美誉度均超过了品牌美誉度的第一个关键点1.62%，消费者口碑作用开始显现出来。从品牌美誉度和品牌认知度的关系来看，此次调研的坚果类品牌美誉度与认知度的比值都超过了45%，其中临城核桃品牌的消费者认知向口碑转化的效率最高，达到了66.7%，说明消费者在体验品牌产品或服务后感觉非常满意，并且愿意主动向身边的朋友、家人推荐该品牌的产品。

从品牌忠诚度指标来看，上述7个坚果类品牌均获得了有效的品牌忠诚度，其中亚欧果仁、宽城板栗、迁西京东板栗、滦州花生（东路花生）的品牌忠诚度与品牌美誉度基本持平，说明这4个品牌在全国范围内已经拥有了一批重复购买的忠诚消费者，为品牌的可持续发展增加了强稳定因子。其余三个品牌的忠诚度与美誉度略有差距，说明消费者口碑向实际购买行为的转化还不太充分，可能是产品价格、购买渠道等因素影响了消费者品牌忠诚度的形成，导致品牌偏好不明显。

第四节　河北药材类品牌指标汇总

本次河北省调研的药材类品牌共计4个，对品牌的知名度、认知度、美誉度和忠诚度指标数据进行汇总，如表6-4所示。

表6-4　河北药材类品牌指标汇总

序号	品牌	指标范围	知名度（%）	认知度（%）	美誉度（%）	忠诚度（%）
1	巨鹿金银花	全国	45.10	24.35	13.00	9.80
		河北省	50.60	28.92	26.51	18.07

续表

序号	品牌	指标范围	知名度（%）	认知度（%）	美誉度（%）	忠诚度（%）
2	安国中药材	全国	19.34	10.26	5.10	4.14
		河北省	35.00	19.17	11.67	8.33
3	滦平中药材	全国	18.19	9.48	5.45	2.40
		河北省	20.00	12.50	6.67	3.33
4	青龙北苍术	全国	8.98	5.28	3.86	1.36
		河北省	4.92	1.64	3.28	0.00

此次调研的4个河北药材类品牌的全国知名度均超过了品牌知名度的第一个关键点4.69%，此时可以认为品牌的性质已经发生变化，品牌知名度在这一阶段开始发挥作用，能够对营销起到明显的促进作用，看得出品牌方为获取品牌知名度付出了一定的努力。其中巨鹿金银花拥有良好的消费者认知基础，品牌全国知名度达到了45.1%，超过了品牌知名度的第三个关键点37.5%，此时的品牌表现为半数以上的消费者表示对品牌内涵、产品类型、产地等信息非常熟悉，此时品牌的性质为有用的竞争工具，具有对消费者选择偏好的影响力，在竞争中发挥了重要作用。

从品牌认知度与品牌知名度的比例关系来看，上述4个品牌的全国认知度均占知名度的50%以上，这意味着品牌认知度有效，传播效果比较充分，消费者能够通过现有的传播方式对品牌有更深入的了解。

品牌的全国美誉度均超过了品牌美誉度的第一个关键点1.62%，该阶段消费者的口碑作用开始凸显出来，消费者偏好也越来越明显。从表6-4的数据中可以发现，多数品牌具有产地优势，在河北省内获得了更高的品牌美誉度和品牌忠诚度，品牌的区域性特征比较明显。

比较品牌美誉度和品牌忠诚度可以发现，安国中药材、巨鹿金银花品牌的消费者口碑向实际购买行为的转化率较高,二者比值都达到了75%以上,说明品牌的口碑很大程度上实现了向销售能力的转移,消费者逐渐形成购买习惯,对企业营销的支持作用明显。

第五节 河北粮食类品牌指标汇总

本次河北省调研的粮食类品牌共计13个,对品牌的知名度、认知度、美誉度和忠诚度指标数据进行汇总,如表6-5所示。

表6-5 河北粮食类品牌指标汇总

序号	品牌	指标范围	知名度(%)	认知度(%)	美誉度(%)	忠诚度(%)
1	金沙河	全国	59.80	38.15	21.20	25.20
		河北省	78.08	50.00	41.10	42.47
2	五得利	全国	57.70	43.00	21.30	23.00
		河北省	67.12	50.68	28.77	38.36
3	武安小米	全国	35.28	18.17	11.69	9.88
		河北省	36.67	18.33	13.33	16.67
4	隆化大米	全国	35.00	21.10	11.80	11.40
		河北省	27.06	14.71	14.12	10.59
5	利珠粮油	全国	34.50	21.95	10.90	9.20
		河北省	23.76	14.85	10.89	10.89
6	藁城宫面	全国	33.10	12.05	10.50	8.30
		河北省	41.25	10.00	18.75	18.75
7	张北莜麦	全国	30.60	19.80	10.50	8.60
		河北省	38.46	26.37	14.29	15.38

续表

序号	品牌	指标范围	知名度（%）	认知度（%）	美誉度（%）	忠诚度（%）
8	喜和圣	全国	28.00	18.00	9.00	6.90
		河北省	25.81	20.16	11.29	11.29
9	骊骅淀粉	全国	25.40	18.90	10.90	8.50
		河北省	25.40	16.67	15.87	17.46
10	蔚州贡米	全国	23.31	10.95	8.50	5.66
		河北省	21.67	9.17	13.33	16.67
11	三河汇福	全国	16.91	10.91	4.07	4.59
		河北省	12.12	8.33	7.58	7.58
12	黄骅旱碱麦	全国	15.86	5.70	5.88	3.53
		河北省	21.15	8.65	13.46	7.69
13	柏各庄大米	全国	11.59	6.36	4.03	4.16
		河北省	17.86	9.82	5.36	7.14

一、品牌知名度与品牌认知度解读

在本次调研的13个河北粮食类品牌中，金沙河与五得利这两个品牌在河北省内的知名度达到了品牌知名度的第四个关键点61.80%，在全国的品牌知名度也分别达到了59.80%和57.70%，均可以被称为"高知名度品牌"，具有充分的消费者认知和联想基础，在无提示环境下，在同类产品中消费者会将这两个品牌的产品作为购买的主要选项。此时品牌具有的知名度已经饱和，主要以提示型方式作为传播内容，以维持品牌知名度为目的，品牌管理的重心可以放在公共关系活动等促进品牌美誉度形成和发展的内容上，广告类活动的投放密度可以逐步减小，新媒体形式的兴起，也为品牌发展带来了降低宣传成本、提高传播效率的机会。金沙河与五得利两个品牌的认知度与知名度的比值均超过了50%，说明品牌传播效果良好，品牌信息传播充分。

藁城宫面和张北莜麦两个品牌在河北省内的知名度高于品牌知名度的第三个关键点37.5%，品牌具有联想和延伸的可能性，可以成为竞争工具，提高企业竞争力。藁城宫面品牌的省内认知度与省内知名度的比值小于33.33%，此时的品牌表现为消费者认知基础处于一般以下水平，大部分消费者对品牌的基本信息不了解。张北莜麦品牌的认知度与知名度的比值大于50%，此时的品牌表现为消费者认知基础良好，消费者对品牌的部分信息有较深的了解。

有11个品牌的全国知名度超过了品牌知名度的第二个关键点16.13%，有12个品牌的河北省内知名度超过了品牌知名度的第二个关键点16.13%，大部分消费者对品牌产生了较深的认知，品牌具有良好的消费者知晓基础。

黄骅旱碱麦和柏各庄大米两个品牌的全国知名度超过了品牌知名度的第一个关键点4.69%，说明品牌为获得知名度付出了努力，一部分品牌知名度来源于消费者对品牌信息的认识，另一部分品牌知名度可能来源于媒体宣传；而且品牌河北省内知名度高于品牌全国知名度，符合品牌发展的一般规律。

二、品牌认知度与品牌美誉度解读

从品牌美誉度指标来看，所有品牌的美誉度均超过了品牌美誉度的第一个关键点1.62%，处于有效自传播效应发生时期，极容易发生品牌自传播骤增现象。从品牌美誉度和品牌认知度的关系来看，品牌美誉度与品牌认知度持平或接近是品牌发展的较好状态，对品牌有充分认知的消费者都变成了品牌的口碑传播者，并且消费者对该品牌的产品或服务相当满意。

在此次调研的13个河北粮食类品牌中，12个品牌的全国认知度高于其全国美誉度，消费者对品牌内涵的认知没有充分形成对该品牌的赞许或口碑。藁城宫面、黄骅旱碱麦和蔚州贡米3个品牌在河北省内的美誉度高于认知度，说明消费者在体验了该品牌的产品或在熟人推荐之后，在不了解该品牌的信息的情况下，对品牌产生了良好印象。另外，隆化大米、骊骅淀粉和三河汇福3个品牌的河北省内美誉度和认知度相近，消费者对品牌的认知充分转化为品牌赞许。

三、品牌美誉度与品牌忠诚度解读

从品牌忠诚度指标来看，上述13个品牌均获得了有效的品牌忠诚度，每个品牌都有其忠诚消费者，支撑品牌的持续发展。这13个品牌的忠诚度与美誉度的比值均处于合理范围内，且其中4个品牌的全国忠诚度高于全国美誉度，有11个品牌的河北省内忠诚度大于或等于河北省内美誉度，此阶段的品牌获得了较高的重复购买率，且在河北省内的营销活动非常成功，品牌已经对企业利润获取产生正向推动作用，有可能成为有效的营销支撑工具。

从整体来看，全国和河北省内数据的差异体现在以下几个方面：一是消费者对河北省内的该类品牌具有更高的信任感和认同感，重复购买行为更频繁；二是全国范围内有众多粮食品牌，行业竞争激烈，若品牌不具有显著优势，品牌美誉度可能会出现不增反降的情况；三是消费者的饮食习惯一旦形成，就不容易改变，一旦成为某品牌的忠诚消费者，就很难再对其他品牌形成购买偏好。因此，河北省粮食品牌应结合自身特色，充分发挥品牌效应，打造差异性强、竞争性强的品牌，以便在众多品牌中脱颖而出，不断培育品牌忠诚者。

第七章
河北蔬菜类品牌个案分析

第一节 平泉香菇

一、平泉香菇品牌简介

平泉香菇，是河北省平泉市特产，全国农产品地理标志。

平泉香菇营养丰富，具有菇质紧实、菇盖厚、柄短、不易开伞的独特外在品质；菌盖表面呈灰白色至浅褐色，表面光滑或花纹明显；外表含水量低；口味纯正、清香，有韧性。平泉香菇的蛋白质、谷氨酸、氨基酸、维生素B1、维生素B2、铁、磷、粗纤维等含量均高于普通香菇。

2010年12月24日，中华人民共和国农业部批准对平泉香菇实施农产品地理标志登记保护。2019年11月，平泉香菇入选中国农业品牌目录2019农产品区域公用品牌。

二、平泉香菇品牌的基础指标与分析

平泉香菇品牌的基础数据，如表7-1所示。

表7-1 平泉香菇品牌的基础数据

指标范围	知名度（%）	认知度（%）	美誉度（%）	忠诚度（%）
全国	41.30	25.25	14.50	12.30
河北省	41.58	26.73	14.85	16.83

平泉香菇品牌的全国知名度为41.30%，在本次品牌调研中处于中等偏上水平，说明全国已有许多消费者对该品牌有了一定的认知，为品牌的产品推广奠定了基础。另外，平泉香菇品牌的全国认知度为25.25%，与品牌知名度的比值较为理想，说明品牌信息的有效传播率

较高，消费者了解到品牌的更多有用信息，且这一比值与品牌省内认知度与知名度的比值相近，说明品牌在河北省内外采取的经营策略无差别。作为农产品品牌，平泉香菇的产品差异化不明显，能够形成较高的品牌知名度和品牌认知度可能是由于品牌名称中的地名优势。

从品牌美誉度和品牌忠诚度来看，消费者对品牌的口碑和赞誉有限，远低于对品牌的认知度，虽然能够形成品牌自传播，但传播效果一般。在河北省内，平泉香菇的品牌忠诚度高于品牌美誉度，说明省内消费者对该品牌产品的重复购买率极高，对品牌高度认可，未来品牌方应该采取措施提高品牌美誉度，以实现指标结构的稳定。

综上所述，平泉香菇品牌全国的指标结构呈现出逐次下降趋势，省内指标优于全国指标，故该品牌处于成长期，区域性特征不显著，但有必要进一步提高品牌美誉度，促进消费者自传播现象的发生，这涉及品牌后续的稳定发展。

第二节 塞北马铃薯

一、塞北马铃薯品牌简介

塞北管理区具有悠久的马铃薯种植历史，这里昼夜温差大，光照充足，非常适宜马铃薯生长。得天独厚的自然条件使得塞北马铃薯产量高、薯形好、品质优，这里生产的马铃薯耐运耐藏，光滑白润，是各种马铃薯淀粉及其制品生产的上好原料。塞北马铃薯已经是省级农产品区域公用品牌，在2017年第二届河北省农业品牌系列评选中榜上有名。

在此基础上河北省重点培育打造了张北县、塞北管理区、察北管理区3个马铃薯种薯繁育和种植示范园区，培优培强"塞北马铃薯"区域公用品牌1个,"雪川农业""塞北弘基"企业品牌2个,"张北马铃薯""康保马铃薯"地理标志产品2个。

二、塞北马铃薯品牌的基础指标与分析

塞北马铃薯品牌的基础数据,如表7-2表示。

表7-2 塞北马铃薯品牌的基础数据

指标范围	知名度(%)	认知度(%)	美誉度(%)	忠诚度(%)
全国	26.45	13.16	7.05	6.30
河北省	32.14	14.29	8.93	8.93

塞北马铃薯品牌在全国的知名度是26.45%,超过了品牌知名度的第二个关键点16.13%,消费者在面对异质异价甚至风格不同的同类产品时表现出明显的购买意愿。品牌认知度约为品牌知名度的50%,品牌传播效果一般。

塞北马铃薯品牌的全国美誉度达到了7.05%,与品牌认知度仍有一定差距,说明消费者对品牌的认知并未充分转化为对品牌的赞美和满意。这可能是因为塞北马铃薯的产品品质未能使体验过的消费者都感到满意,也可能是因为市面上的马铃薯品牌众多且同质性很高,给品牌的口碑传播造成了一定的阻碍。塞北马铃薯在河北省内相对于全国范围内占有更大优势,品牌的区域性特征比较明显,且省内消费者对塞北马铃薯有更高的品牌美誉度和品牌忠诚度。

综上所述,塞北马铃薯当前正处于品牌成长期的中后期阶段,品牌发展质量优良。从品牌指标结构来看,塞北马铃薯的品牌指标结构接近于次优结构,有向最优结构接近的趋势。

第三节 遵化香菇

一、遵化香菇品牌简介

遵化香菇,是河北省遵化市特产,全国农产品地理标志。

遵化市位于河北省东北部,为燕山南麓山间盆地,属温暖带半湿润大陆性季风气候,年平均气温在10℃~11.5℃,昼夜温差大,四季分明,干湿季节明显,适宜种植香菇。遵化香菇子实体为半球形,由菌盖、菌褶和菌柄三部分组成,中等大至稍大。菌盖直径4~6厘米,呈扁平至稍扁平,表面淡褐色至褐色至深肉桂色,中部往往有深色鳞片,而边缘常有污白色毛状或絮状鳞片。2013年,遵化香菇保护面积600公顷,种植面积550公顷,年产量达到9万吨。

2013年9月10日,中华人民共和国农业部正式批准对遵化香菇实施农产品地理标志登记保护。

二、遵化香菇品牌的基础指标与分析

遵化香菇品牌的基础数据,如表7-3表示。

表7-3 遵化香菇品牌的基础数据

指标范围	知名度(%)	认知度(%)	美誉度(%)	忠诚度(%)
全国	20.91	11.59	6.30	5.04
河北省	21.43	10.71	14.29	10.71

遵化香菇在全国范围内的品牌指标与在河北省内的品牌指标差距不大,由此可见,遵化香菇逐渐褪去了区域性品牌特征,表现出全国性品

牌特征。遵化香菇在全国的品牌知名度为20.91%，超过了品牌知名度的第二个关键点16.13%，此时品牌拥有不错的消费者认知基础，消费者对产品和品牌内涵等信息有了较深的理解和认知。品牌认知度与品牌知名度的比值超过50%，品牌取得了不错的传播效果。

遵化香菇的品牌全国美誉度是6.30%，超过了品牌美誉度的第一个关键点1.62%，消费者的口碑作用开始凸显出来，口碑传播对产品销售起到促进作用。遵化香菇的品牌全国忠诚度为5.04%，与品牌美誉度比较接近，说明消费者口碑向实际购买行为的转化比较充分。由于原产地优势，遵化香菇在河北省内有更高的品牌美誉度和品牌忠诚度，且品牌美誉度高于品牌认知度，品牌口碑效应存在溢出，产品品质获得了消费者较高的认可和评价。

综上所述，遵化香菇的品牌指标结构接近次优结构，各项品牌指标之间的比例合理，是一个处于品牌成长期的发展质量优良的品牌。

第四节　围场马铃薯

一、围场马铃薯品牌简介

围场马铃薯，是河北省围场满族蒙古族自治县特产，中国国家地理标志产品。

围场马铃薯具有产量高、薯形大、无病毒、食味佳的特点，围场马铃薯富含糖类、矿物质、蛋白质，营养含量高；有荷兰15、克新、渭薯等十几个品种。

围场马铃薯种植历史悠久，围场满族蒙古族自治县种植马铃薯已经有300多年的历史。2009年11月，国家质量监督检验检疫总局批准对围场马铃薯实施地理标志产品保护；2012年，河北省围场满族蒙古族自治县成立围场满族蒙古族自治县马铃薯产业协会；2016年，河北省围场满族蒙古族自治县成立马铃薯产业联盟，品牌入选首届十佳农产品区域公共品牌；截至2017年年底，河北省围场满族蒙古族自治县马铃薯年种植面积达73万亩（1亩≈0.0667公顷），年总产量达180万吨。

二、围场马铃薯品牌的基础指标与分析

围场马铃薯品牌的基础数据，如表7-4表示。

表7-4 围场马铃薯品牌的基础数据

指标范围	知名度（%）	认知度（%）	美誉度（%）	忠诚度（%）
全国	21.09	10.80	6.26	5.74
河北省	21.21	15.15	12.12	12.12

围场马铃薯品牌的全国知名度与河北省知名度比较接近，均超过了品牌知名度的第二个关键点16.13%，意味着有半数消费者对品牌的基础信息有一定的了解，并且逐渐对品牌产生偏好。围场马铃薯的品牌信息传播效果较好，品牌认知度与品牌知名度的比值均高于50%，同时可以发现，相比于全国范围内的消费者，河北省内的消费者对品牌有更多的了解。

围场马铃薯品牌的美誉度超过了品牌美誉度的第一个关键点1.62%，此时消费者的口碑作用开始凸显出来，消费者偏好越来越明显，有效自传播效应开始发挥作用。比较品牌的认知度与美誉度可以发现，围场马铃薯获得了不错的品牌口碑，消费者对品牌的认知充分地转化为品牌口碑。此外，不管是在全国范围内还是河北省范围内，围场马铃薯品牌的美誉度与忠诚度都比较接近，这意味着围场马铃薯品牌口碑向实际购买行为的转化充分，品牌已经拥有一批忠实消费者，产生了多次重复

购买行为。

综上所述，围场马铃薯各项品牌指标的比例关系理想，品牌知名度、品牌认知度、品牌美誉度三者形成的指标结构对品牌产品的销售起到了明显的促进作用，且品牌的区域性特征正在逐渐褪去，有发展为全国性品牌的趋势。

第五节　张北马铃薯

一、张北马铃薯品牌简介

张北马铃薯，是河北省张家口市张北县特产，全国农产品地理标志。

张北地区气候冷凉，昼夜温差大，土壤疏松，加之海拔高、空气干燥，有利于马铃薯块茎膨大、干物质积累，所生产的马铃薯种薯及商品薯产量高，商品性好，薯形规则，芽眼浅，表皮光滑，成熟度好，颜色光亮，入口沙绵、薯香味浓，单个重150~300克。

二、张北马铃薯品牌的基础指标与分析

张北马铃薯品牌的基础数据，如表7-5所示。

表7-5　张北马铃薯品牌的基础数据

指标范围	知名度（%）	认知度（%）	美誉度（%）	忠诚度（%）
全国	40.00	28.15	14.20	11.60
河北省	43.96	29.67	21.98	19.78

张北马铃薯品牌的全国知名度为40.00%，略低于品牌省内知名度，说明该马铃薯品牌在省内外经营策略无差别，且达到了近乎相同的品牌

认知度。品牌具有成为竞争工具的可能，且消费者对品牌的原产地、产品性状、口感等信息有所了解，使得品牌具有一定的消费者认知基础，为今后品牌的口碑传播奠定了基础。

从品牌美誉度来看，张北马铃薯品牌的全国美誉度远低于全国认知度，虽然有一定的认知度基础，但未能将品牌认知充分转化为对品牌的正向口碑。分析其中原因可能有两个：一是市场中马铃薯品种众多，质量参差不齐，质量好的马铃薯品种获得的认可度远高于其他马铃薯；二是马铃薯作为蔬菜，可做主菜也可做配菜，更多的是取决于消费者饮食习惯等主观因素。品牌全国忠诚度略小于其美誉度，说明品牌的口碑传播未实现向重复购买率的充分转化，无法成为有效的利益获取工具。河北省内的品牌美誉度接近品牌认知度，且品牌忠诚度接近品牌美誉度，说明张北马铃薯满足了省内消费者的饮食需求。

从基础指标数据来看，张北马铃薯品牌的指标结构呈现出逐次下降趋势，全国和省内品牌忠诚度与品牌美誉度的差别不大，在全国和省内都具有较好的消费者认知基础，为品牌发展打下基石。因此，张北马铃薯品牌是一个处于成长期、健康状态良好的品牌。马铃薯易于储存，不惧长距离运输，可运往周边省份销售，开拓市场，继续扩大品牌影响力，增强品牌竞争优势。

第六节　鸡泽辣椒

一、鸡泽辣椒品牌简介

鸡泽辣椒，是河北省邯郸市鸡泽县特产，全国农产品地理标志。

鸡泽辣椒又名"羊角椒"，以色泽紫红光滑，形状细长，尖上带钩，味香，辣度适中，富含辣椒素和维生素C，形若羊角而得名。其特点是：皮薄、肉厚、色鲜、味香、辣度适中，可青食、红食、熟食，亦可鲜食、干食、炒食、炸食、腌食，易加工、易贮藏。

鸡泽辣椒种植历史悠久，原名"秦椒"。据《鸡泽县志》记载，隋朝（581—618年）时鸡泽县就有种植辣椒，当时作为农民自种自食的调味品。鸡泽辣椒经过世代的培植改良，形成现在特色的"羊角椒"。

2017年12月，鸡泽辣椒入选中华人民共和国农业部等九部委第一批"中国特色农产品优势区"名单；2018年，鸡泽县鸡泽辣椒种植面积8万余亩（1亩≈0.0667公顷），拥有辣椒加工企业100余家，辣椒产业产值达24.5亿元。2019年9月，中华人民共和国农业农村部批准对鸡泽辣椒实施国家农产品地理标志登记保护；2022年10月，入选2022年农业品牌精品培育计划。

二、鸡泽辣椒品牌的基础指标与分析

鸡泽辣椒品牌的基础数据，如表7-6所示。

表7-6 鸡泽辣椒品牌的基础数据

指标范围	知名度（%）	认知度（%）	美誉度（%）	忠诚度（%）
全国	20.72	11.32	6.80	5.53
河北省	31.67	20.00	13.33	11.67

鸡泽辣椒品牌的全国知名度为20.72%，超过了品牌知名度的第二个关键点16.13%，品牌全国认知度为11.32%，与品牌全国知名度的比值为54.63%，说明知晓该品牌的消费者对品牌的认知程度较高，品牌的传播效果良好。品牌在河北省内的认知度与知名度的比值也达到了50%以上，说明品牌在省内外经营策略上没有明显的差异，有部分消费者表示了解该品牌的原产地、产品和价格等信息，并表现出了对产品的

购买意愿。

鸡泽辣椒品牌的全国美誉度为6.80%，超过了品牌美誉度的第一个关键点1.62%，消费者的口碑作用开始凸显出来，品牌对消费者的购买偏好产生影响。从鸡泽辣椒品牌5.53%的全国忠诚度来看，品牌的良好口碑充分地转化为消费者的重复购买，说明该品牌具有较高品质，对消费者的购买决策产生了引导作用。品牌省内美誉度和忠诚度均高于全国指标水平，且品牌省内忠诚度与美誉度的比值与全国指标比值相近。通过查阅资料得出，该品牌已经处于平稳发展阶段，且拥有较高的基础指标数据，属于优质品牌。

综上所述，鸡泽辣椒的河北省内品牌指标结构呈现逐次下降趋势，但整体来看，品牌基础指标的比值均在合理范围内，品牌发展状态良好。作为全国农产品地理标志品牌以及鸡泽县的支柱产业，该品牌可以继续扩大品牌影响力，利用自媒体短视频录制、直播或打造副产品品牌，对准确定位的目标消费者加大宣传力度，从而促进产品销售。

第七节　万全鲜食玉米

一、万全鲜食玉米品牌简介

张家口市万全区位于河北省西北部，该地区昼夜温差大，雨热同季，生产的糯玉米黏性大、糖分高、口感好，被称为"中国鲜食玉米之乡"，产品畅销国际、国内市场。和普通玉米相比，万全鲜食玉米具有甜、糯、嫩、香等特点。从品质上分，万全鲜食玉米有甜玉米、超甜玉米、甜糯玉米等品种；从籽粒颜色上分，有黑色、紫色、黄色、白色等品种。

万全鲜食玉米形成了育种、制种、种植、玉米加工、秸秆处理配套的完整产业链条。产业内拥有2家专业育种制种单位、18家玉米加工厂家、3家秸秆饲料规模加工企业。生产基地年规模达到12万亩（1亩≈0.0667公顷），成功探索出"龙头企业+基地+农户"的发展模式，全部推行订单生产方式，年加工鲜食玉米4.4亿穗，实现销售收入6.6亿元，有效地拉动了区域经济增长，带动了千家万户致富。

二、万全鲜食玉米品牌的基础指标与分析

万全鲜食玉米品牌的基础数据，如表7-7所示。

表7-7 万全鲜食玉米品牌的基础数据

指标范围	知名度（%）	认知度（%）	美誉度（%）	忠诚度（%）
全国	27.38	13.75	9.75	7.64
河北省	32.69	20.19	19.23	17.31

万全鲜食玉米品牌的全国知名度为27.38%，略低于省内知名度，品牌认知度与品牌知名度的比值均超过了50%，说明品牌具有良好的消费者认知基础，有相当部分的消费者对品牌信息有较深的了解。在当今的快节奏生活中，健康饮食是当代年轻群体的饮食追求，鲜食食品也应运而生，消费者对这类健康速食产品比较青睐，购买意愿并非全部来自品牌，其中一部分是来自自身健康生活的心理和生理需求。

从该品牌全国和省内的美誉度与忠诚度来看，消费者对品牌产品具有良好赞誉，品牌美誉度与品牌认知度的比值也达到了优秀水平，说明对品牌具有充分认知的消费者对该品牌的品质信任程度高，品牌忠诚度也因此获得极大的提升，大量消费者产生了重复购买行为，为企业利润的增长奠定了良好基础。

综上所述，该品牌正处于发展状态良好时期，需要继续提高品牌知名度和品牌认知度，保证产品质量，通过直播带货及短视频讲解等方式

扩大品牌影响力；同时应采取差异化竞争方式，展现品牌的独特性，加强消费者的品牌印象，从而规避因品牌竞争者加入或行业环境变化而带来的品牌危机。

第八节 永年蔬菜

一、永年蔬菜品牌简介

邯郸市永年区是全国无公害蔬菜示范基地，永年东部地区以温室果菜和大中棚叶菜为主，是我国规模最大的设施叶菜供应基地，全区共种植蔬菜20万余亩（1亩≈0.0667公顷），品种达100多个，产量约92万吨，产值达21亿元，蔬菜质量合格率达到100%。

蔬菜产业是永年区的支柱产业，近年来，永年区围绕"一棵菜"打造"寿光模式"新范本，从种子育苗到蔬菜大棚建造管理，再到产品深加工全链条发力，持续推动蔬菜产业转型升级和高质量发展，多举措巩固"菜篮子"工程，进一步促进农业增效、农民增收，走出了一条助力乡村振兴的新路子。

二、永年蔬菜品牌的基础指标与分析

永年蔬菜品牌的基础数据，如表7-8所示。

表7-8 永年蔬菜品牌的基础数据

指标范围	知名度（%）	认知度（%）	美誉度（%）	忠诚度（%）
全国	22.44	12.04	6.70	6.35
河北省	28.85	18.27	13.46	15.38

永年蔬菜品牌的省内指标结构优于全国指标结构，重点体现在省内

的品牌美誉度和品牌忠诚度相对更高，说明省内消费者对该品牌产品品质的认可度高。永年蔬菜的品牌知名度和品牌认知度在省内外相近，说明该品牌省内外的宣传方式和内容并无明显差异。从资料上来看，永年蔬菜品牌基地日供北京蔬菜近千吨，为北京新鲜蔬菜的供应提供保障。从品牌基础指标数据来看，较多北京地区的消费者对该品牌信息有更深入的了解，消费者认知基础良好，易产生品牌联想。

从品牌美誉度和品牌忠诚度来看，省内的消费者对品牌的认可度更高，具有明显的品牌偏好。究其原因，有以下几点：一是各地区均有农业种植区域，也基本上都有蔬菜种植基地，本地区的蔬菜运输成本更低，所以市场不容易进入；二是部分消费者在无他人推荐的情况下，倾向于重复购买之前买过的品牌产品，风险回避型的消费者即使从线上平台看到了该品牌，如与其他品牌无差异，也不会选择购买；三是消费者即使通过线上渠道购买了该品牌的产品，也可能因为运输和存储方法不当，导致产品品质变差，从而影响消费者体验感，若消费者多次购买仍如此，则会对品牌产生负面影响，不利于品牌传播。

该品牌全国和省内的忠诚度与美誉度接近，且品牌省内忠诚度略高于其美誉度，说明品牌产品品质优良，值得重复购买。因此，品牌可以暂时不向外扩大市场，首先应该提高省外消费者对品牌的赞誉程度和重复购买率，通过对渠道运输和储存的调查，找到问题的源头，重点整改，降低风险爆发的可能性。

第九节　永清蔬菜

一、永清蔬菜品牌简介

永清县是蔬菜种植大县，也是北京地区重要的蔬菜供应地。近年来，河北省永清县依托当地区位优势，大力发展以蔬菜为主的现代农业产业。目前，永清县已成为环京津地区设施规模较大、质量上等的绿色蔬菜生产供给基地，全县设施蔬菜生产面积常年稳定在20万亩（1亩≈0.0667公顷）以上，形成了深冬温室黄瓜、番茄、丝瓜果菜生产区，早春拱棚速生菜生产区，秋延后大棚根茎类果菜生产区三大特色蔬菜生产基地，年总产量100万吨，蔬菜产值达20亿元以上，基本实现了四季生产，周年上市。永清县先后被中华人民共和国农业农村部授予"国家无公害蔬菜生产示范基地县""全国无公害农产品（种植业）生产基地达标单位""河北省蔬菜之乡"等荣誉，永清蔬菜入选首届河北省名优农产品区域公用品牌。

在河北省农业农村厅精品蔬菜产业集群项目的推动下，永清县委县政府积极努力打造设施蔬菜产业集群示范区，2021—2022年，通过积极宣传发动，吸引社会资金参与设施蔬菜产业集群建设，新发展高端设施蔬菜面积达0.23万亩，带动农民就业，产生了良好的经济效益和社会效益，为乡村振兴、产业发展做出了贡献。

二、永清蔬菜品牌的基础指标与分析

永清蔬菜品牌的基础数据，如表7-9所示。

表7-9 永清蔬菜品牌的基础数据

指标范围	知名度（%）	认知度（%）	美誉度（%）	忠诚度（%）
全国	31.37	15.85	9.91	9.04
河北省	33.33	20.00	13.33	20.00

永清蔬菜的全国知名度为31.37%，超过了品牌知名度的第二个关键点16.13%，此时有部分消费者对品牌的产地、产品类型等信息有较深的认知，并逐渐形成品牌偏好。品牌的全国认知度为15.85%，与品

牌全国知名度的比值是50.53%，说明品牌取得了不错的宣传效果，消费者能够通过现有宣传推广方式对品牌有较深入的了解。对比永清蔬菜在全国和河北省内的品牌知名度和品牌认知度，可以看出二者间差异并不大，这也说明永清蔬菜的区域性特征并不明显，品牌逐渐向全国性品牌发展。

永清蔬菜品牌的全国美誉度是9.91%，低于品牌全国认知度，但已有相当部分的品牌称赞者产生了明显的品牌偏好，并多次购买该品牌的产品，成为品牌忠诚者。蔬菜作为同质性较高的产品类型，因运输成本、价格、新鲜程度等因素在当地会占据较大优势，因此永清蔬菜在省内的品牌美誉度和品牌忠诚度高于全国指标水平，当地消费者的消费习惯已经形成。

综上所述，永清蔬菜的品牌指标结构接近于最优结构，品牌有极佳的稳定性，抗风险能力强，品牌发展质量优良。根据各项品牌指标可以大致推测品牌目前应当处于品牌成长期后期，需要进行有效的品牌管理，使品牌美誉度和品牌忠诚度同步提高，充分发挥口碑在营销中的作用。

第十节　望都辣椒

一、望都辣椒品牌简介

望都辣椒，是河北省望都县特产，中国国家地理标志产品。

望都辣椒色泽纯正，辣素、香素含量高，肉质厚；含有维生素B、维生素C、蛋白质、胡萝卜素、铁、磷、钙，以及糖等成分。每千克辣椒中含维生素C 1050毫克，比茄子中的维生素C的含量高35倍，比西红柿中的维生素C的含量高9倍，比大白菜中的维生素C的含量高3倍，比白萝卜中的维生素C的含量高2倍。2010年12月24日,国家质量监督检验检疫总局批准对望都辣椒实施地理标志产品保护。

二、望都辣椒品牌的基础指标与分析

望都辣椒品牌的基础数据,如表7-10所示。

表7-10 望都辣椒品牌的基础数据

指标范围	知名度(%)	认知度(%)	美誉度(%)	忠诚度(%)
全国	35.10	25.75	12.50	9.90
河北省	41.67	29.17	18.75	12.50

望都辣椒品牌的全国知名度为35.10%,有部分消费者对品牌的产品性状、产地及品牌类型等了解程度较深,形成了品牌偏好;且品牌全国认知度为25.75%,达到了品牌全国知名度的73.36%,说明消费者对品牌的知晓程度深,品牌对营销的促进作用显著。望都辣椒品牌在河北省内的知名度和认知度均未明显高于全国指标水平,说明品牌区域性特征并不突出,品牌在全国范围内的经营策略保持一致。

望都辣椒品牌的全国美誉度为12.50%,相比于品牌全国认知度偏低,但部分消费者已经形成了品牌偏好,在同类产品中表现出购买意愿。辣椒属于同质化程度较高的农产品,尤其辣度容易获得当地消费者的认可,而非本地消费者对辣椒辣度的接受程度千差万别,有可能因目标消费者选择上的偏差导致该品牌美誉度偏低。望都辣椒的品牌全国忠诚度为9.90%,说明部分消费者已经成为品牌的忠诚消费者,形成了强品牌偏好,这部分消费者会对品牌的正向传播起到至关重要的作用。

综上所述,望都辣椒全国和省内品牌指标结构呈逐次下降趋势,这一指标结构符合一般品牌发展规律。该品牌在省内的指标水平与全国指标水平无明显差异,区域性品牌特征不显著,与品牌产品特性有关。从品牌指标上来看，该品牌正处于成长期，应该注重对忠诚消费者的维护，对准确定位的目标消费者加强宣传，以促进产品销售。

第十一节　馆陶黄瓜

一、馆陶黄瓜品牌简介

馆陶黄瓜是河北省邯郸市馆陶县的特产。馆陶县地处河北省东南部，以卫运河为界与山东省冠县、临清市毗邻。

馆陶黄瓜是邯郸市著名的蔬菜品种，已有26年的种植历史，以日光温室越冬栽培为主要形式，馆陶黄瓜不打农药，不施化肥，纯绿色，品质高，摘下来就能吃，以产量高、品质优、效益好等优点闻名，深受种植户和消费者喜爱。

馆陶黄瓜于2004年通过无公害农产品认证。"魏徵"牌黄瓜在2007年第十一届中国（廊坊）农产品交易会上获"名优农产品"奖，于2008年获"河北名牌"称号，2011年通过国家绿色食品发展中心"绿色食品"认证，在中国绿色食品2013年青岛博览会上荣获"畅销产品"奖。

二、馆陶黄瓜品牌的基础指标与分析

馆陶黄瓜品牌的基础数据，如表7-11所示。

表7-11　馆陶黄瓜品牌的基础数据

指标范围	知名度（%）	认知度（%）	美誉度（%）	忠诚度（%）
全国	16.12	10.84	5.66	4.36
河北省	15.00	14.17	6.67	8.33

馆陶黄瓜品牌在全国范围内的知名度是16.12%，在本次调研的品牌中处于中等偏下水平，品牌目前的影响力还比较有限，消费者认知基础一般。从本次调研的结果来看，馆陶黄瓜品牌在全国范围内和在河北省内消费者的认知程度差别不大，该品牌应当是以全国性品牌为定位进行运营的。馆陶黄瓜品牌的认知度与知名度的比值较高，说明品牌信息传播效果较好，消费者能够对品牌信息、产品类型、产品产地等信息有较深入的了解。

馆陶黄瓜品牌的全国美誉度为5.66%，超过了品牌美誉度的第一个关键点1.62%，此时消费者口碑作用开始凸显出来，消费者偏好也越来越明显。从品牌美誉度与品牌认知度的关系来看，品牌美誉度约为品牌认知度的50%，消费者对品牌内涵的认知没有充分转化为对品牌的赞许或口碑。结合品牌的知名度分析，这可能是因为同类型的其他品牌的干扰，影响了品牌的口碑传播。品牌美誉度向品牌忠诚度的转化充分，在河北省内的品牌忠诚度甚至略高于品牌美誉度，意味着有部分消费者形成了强烈的品牌偏好，产生了多次购买行为。考虑到黄瓜作为蔬菜具有保质期短的特点，馆陶黄瓜在河北省内拥有更高的品牌美誉度和品牌忠诚度属于正常现象。

综上所述，馆陶黄瓜品牌目前正处于品牌成长期，品牌的基础指标还不突出，未来发展前景广阔。

第十二节　邱县蜂蜜红薯

一、邱县蜂蜜红薯品牌简介

邱县红薯种植历史悠久，由于地处黄河、漳河故道，土壤以沙质为主，辖区内有黑龙港河流经，水源充足，十分适合红薯生长。该县产出的红薯不但个头大、数量多，且成型好、"颜值"高，深受消费者喜爱。

蜂蜜红薯是邱县于2015年从国外引进，经过农业技术部门改良，培育出的适合当地生长且抗病毒能力强的新品种。因为口感、色泽、甜度比普通红薯高很多，在市场上广受消费者青睐。近年来邱县大力发展红薯产业，采用"公司+合作社+农户"的形式，全县累计发展种植红薯5万亩（1亩≈0.0667公顷），年产鲜薯15万吨，年产值近3亿元。

二、邱县蜂蜜红薯品牌的基础指标与分析

邱县蜂蜜红薯品牌的基础数据，如表7-12所示。

表7-12 邱县蜂蜜红薯品牌的基础数据

指标范围	知名度（%）	认知度（%）	美誉度（%）	忠诚度（%）
全国	22.73	11.76	6.82	4.89
河北省	19.67	11.48	9.84	8.20

邱县蜂蜜红薯品牌的基础指标之间的比值均处于合理范围内，其中该品牌的全国和河北省内的知名度与认知度接近，说明产品在省内外的宣传差异不大。可以看出，品牌为获取知名度进行过专门的宣传工作，消费者对品牌具有良好的认知基础，从品牌认知度和品牌知名度的比值来看，品牌信息传播效果较好，消费者对品牌具有一定的了解。消费者在购买同类产品时可能会将该品牌作为主要选项。

邱县蜂蜜红薯品牌的美誉度与认知度的比值合理，已符合消费者自传播现象骤增的条件，消费者的口碑作用开始凸显出来，且由消费者良好体验形成的品牌美誉度更加稳定，对品牌忠诚度具有更好的支撑作用。邱县蜂蜜红薯的品牌美誉度仍低于品牌认知度，由于红薯品种众多，并且线上购买时产品介绍大多雷同，并无显著差异，消费者可能会根据亲朋好友的介绍或亲身体验后的满意程度购买该品牌的产品，但多

数消费者基本处于盲选状态。从品牌忠诚度来看，对该品牌表示满意的消费者具有重复购买行为，且品牌忠诚度与品牌美誉度接近，说明品牌在营销中起到了促进作用，有利于企业利润的增加，也能够促进种植户的积极性和品牌责任感的产生。

综上所述，邱县蜂蜜红薯品牌需要在宣传方式上加以创新，结合产品特性进行个性化宣传。另外，品牌方需要增加消费者体验项目，让消费者在体验中感受产品的独特性，以吸引更多的消费者购买，通过独特的营销手段将品牌产品信息传播给更多消费者。当前自媒体形式多样，以直播平台为媒介带动农产品销售的方式已经被越来越多的企业或合作社采纳，品牌宣传成本更低，传播效果更好。

第十三节　鹏达

一、鹏达品牌简介

河北鹏达食品有限公司成立于2008年6月，位于享有"中国鸭梨之乡"美誉的晋州市，是一家立足当地，充分发挥地方现代农业优势，集科研、标准化种植、新品种引进推广、加工、贮藏、销售、流通网络建设和管理为一体的现代化食品深加工企业。公司主营业务为农副产品种植收购、果蔬系列深加工，主要有甜玉米罐头、食用菌（白灵菇）罐头、水果系列罐头、速冻甜糯玉米系列、速冻青豆、速冻荠菜等产品。其中，"魏征"牌系列产品荣获"河北省优质产品""河北省名牌产品"称号；"魏征""鹏达玉象"为河北省著名商标。

二、鹏达品牌的基础指标与分析

鹏达品牌的基础数据，如表7-13所示。

表7-13 鹏达品牌的基础数据

指标范围	知名度（%）	认知度（%）	美誉度（%）	忠诚度（%）
全国	24.90	9.40	6.80	3.90
河北省	20.00	8.82	8.24	4.71

鹏达品牌的全国知名度为24.90%，已超过品牌知名度的第二个关键点16.13%，此时的品牌表现为半数的消费者对品牌有进一步了解的意愿，表现出对该品牌产品的购买偏好，但这一偏好还比较弱。鹏达品牌的全国认知度为9.40%，与品牌全国知名度的比值为37.75%，说明品牌传播效果一般，品牌方需要对传播内容和传播途径进行调整。鹏达品牌在全国范围内的知名度和认知度略高于在河北省范围内的指标水平，可能与品牌的营销策略有关。

鹏达品牌的全国美誉度达到了6.80%，消费者的口碑作用开始凸显出来，消费者偏好也越来越显著。品牌省内的美誉度和认知度比较接近，说明消费者对品牌的认知有效转化为对品牌的赞誉。该品牌的全国忠诚度约为全国美誉度的50%，说明品牌美誉度转化不充分，可能是因为消费者未能对该品牌的产品形成满意体验。

综上所述，鹏达品牌的指标结构接近于次优结构，说明该品牌处于成长中期，品牌在营销中产生了一定的作用。未来该品牌仍需要加强品牌建设，重视对品牌信息的深入推广，选择合适的推广渠道，使之可以有效触达目标群体，加深消费者对品牌内涵的认知，提高品牌认知度。

第八章

河北水果类品牌个案分析

第一节 深州蜜桃

一、深州蜜桃品牌简介

深州蜜桃,是河北省深州市特产,中国国家地理标志产品。

深州蜜桃已有2000多年的栽培历史,为历代皇室贡品,被誉为"桃中之王"。深州蜜桃个头硕大,果形秀美,颜色鲜艳,皮薄肉细,汁甜如蜜。深州蜜桃含糖量高达13%~18%,果汁中含有葡萄糖、蛋白质、维生素、胡萝卜素、钙、磷、铁等成分,鲜食、加工皆为上品。深州市蜜桃产地发展初期占地只有500多亩(1亩≈0.0667公顷),至2023年,深州蜜桃及各类鲜桃种植面积达7.6万亩,年产量逾16万吨,年产值达7.5亿元,其中蜜桃种植面积约1万亩,年产值约3亿元。

2014年10月8日,国家质量监督检验检疫总局正式批准深州蜜桃为原产地域保护产品(地理标志保护产品)。2020年2月26日,河北省深州市深州蜜桃中国特色农产品优势区被认定为第三批中国特色农产品优势区。

二、深州蜜桃品牌的基础指标与分析

深州蜜桃品牌的基础数据,如表8-1所示。

表8-1 深州蜜桃品牌的基础数据

指标范围	知名度(%)	认知度(%)	美誉度(%)	忠诚度(%)
全国	29.90	15.70	10.30	7.90
河北省	40.00	23.00	17.00	13.00

深州蜜桃品牌的全国知名度为29.90%，在本次品牌调研中处于中等偏下水平，说明全国已有部分消费者对该品牌有了一定的认知，但尚未形成良好的消费者知晓基础。另外，该品牌的全国认知度为15.70%，与全国知名度的比值较为理想，说明品牌获得了有效传播，消费者通过各种渠道了解到品牌更多有用的信息。该品牌在省内的知名度高于全国指标水平，且省内认知度与省内知名度的比值更高，消费者对省内地理标志产品的认知程度更深；但由于该品牌本身知名度偏低，所以能够达到的有效认知有限。

从品牌美誉度来看，深州蜜桃品牌在河北省内的认可度更高，但仍没有达到高水平状态，消费者对品牌的认知未能充分转化为对品牌的正向传播。虽然产品品质优良，口味上佳，但由于蜜桃储存运输成本较高，产品价格稍贵，因此品牌美誉度向品牌忠诚度的转化并不充分。

综上所述，深州蜜桃是一个处于品牌成长期且具有地区优势的品牌。深州蜜桃品牌河北省内的指标结构呈现出逐次下降趋势，省内指标优于全国指标，需要企业对品牌加大宣传，利用新媒体等渠道传播品牌信息，继续扩大品牌影响力。

第二节　沧州金丝小枣

一、沧州金丝小枣品牌简介

沧州金丝小枣，是河北省沧州市特产，中国国家地理标志产品。

沧州金丝小枣又名"西河红枣"。因干枣剥开时有金黄丝相连，入口甜如蜜，外形如珠似玑，故称"金丝小枣"。沧州金丝小枣色泽鲜红，皮薄，肉厚，核小，味道甘美清香，含糖量高达65%，是畅销国内外的名贵果品。沧州以金丝小枣为主导产品，近年来先后开发培育出冬枣、旱脆王、金丝蜜、无核红等近10个系列、300多个新品种。以枣为原料的深加工产品有枣汁、枣酒、蜜枣、糖枣、乌枣、阿胶枣、脆枣、枣茶等30多个品种，年加工量达2000多万千克。2017年，沧州沧县枣树种植面积达50万亩（1亩≈0.667公顷），金丝小枣年产量2.5亿千克。

2004年8月4日，国家质量监督检验检疫总局批准对沧州金丝小枣实施原产地域产品保护。

二、沧州金丝小枣品牌的基础指标与分析

沧州金丝小枣品牌的基础数据，如表8-2表示。

表8-2 沧州金丝小枣品牌的基础数据

指标范围	知名度（%）	认知度（%）	美誉度（%）	忠诚度（%）
全国	53.80	30.80	17.60	16.00
河北省	76.04	37.50	29.17	27.08

沧州金丝小枣品牌的全国知名度为53.80%，说明在全国范围内有较多的消费者知晓该品牌，并且对品牌产品的口感、包装、产地等信息有所了解，产生了较为明显的消费者区隔。该品牌的全国认知度为30.80%，占品牌全国知名度的57.25%，但在河北省内认知度与知名度的比值偏低，数据说明该品牌传播效果一般，消费者对品牌的认知有限。作为地理标志农产品品牌，消费者更关注其实际食用体验，只有对品牌产品的体验达到满意程度时，才会关注品牌的其他信息，但会对品牌美誉度和品牌忠诚度的提升造成阻碍。

从表8-2可以看出，沧州金丝小枣品牌的美誉度和忠诚度显著低于其知名度和认知度，原因可能是品牌宣传到位，但产品品质未能达到消费者预期，故对品牌传播产生负面影响；但在全国和河北省范围内，消费者对品牌的赞美和口碑都实现了向重复购买率的充分转化，所以可能

原因还包括消费者对枣类产品的评价标准不一致，消费偏好对品牌口碑传播有较大的阻碍作用。

沧州金丝小枣品牌的指标结构呈现出逐次下降趋势，且河北省内指标下沉趋势更明显，但指标结构整体较为健康，是处在成长中期的品牌，发展势头良好。部分消费者受口碑效应的影响知晓该品牌，成为品牌的潜在消费者，并且由于品牌的口碑好且复购率高，很有可能将这些观望者发展为新的品牌消费者，提升品牌的传播效率，进而增加品牌效益。

第三节　承德国光苹果

一、承德国光苹果品牌简介

承德国光苹果，是河北省承德市承德县特产，中国国家地理标志产品。

承德县气候适宜，国光苹果栽培历史悠久。国光苹果品质优良，着色鲜艳，口感好，享有盛名。20世纪50年代初，承德县开始规模化种植国光苹果。据史料记载，承德县的乌龙矶村20世纪40年代有20余株国光苹果树。2018年，承德县国光苹果栽培面积达15万亩（1亩≈0.0667公顷），年产量11万吨，年产值5亿元。

2010年9月3日，国家质量监督检验检疫总局批准对承德国光苹果实施地理标志产品保护。承德国光苹果通过了国家A级绿色食品认证，连续4届荣获"河北省名牌产品"称号，连续7届荣获"河北省优质农产品"称号，入选奥运推荐果品，获得"中华名果"称号，在河北省首届果品擂台赛、优质果品鉴评会上屡获金奖。

二、承德国光苹果品牌的基础指标与分析

承德国光苹果品牌的基础数据，如表8-3所示。

表8-3 承德国光苹果品牌的基础数据

指标范围	知名度（%）	认知度（%）	美誉度（%）	忠诚度（%）
全国	40.08	26.36	13.36	14.93
河北省	43.94	24.24	22.73	24.24

从表8-3所示的承德国光苹果品牌基础数据来看，承德国光苹果品牌在全国和河北省内的知名度相近，均超过了品牌知名度的第三个关键点37.50%。此时品牌具有较高的消费者认知基础，半数以上的消费者对品牌内涵和产品类型非常熟悉，能够辨识品牌LOGO，大致描述出广告内容，此时的品牌具有了对消费者选择偏好的影响力，在竞争中发挥着关键作用。承德国光苹果品牌的认知度与知名度的比值超过了二者的理想比值50%，这说明品牌的传播效果较好，消费者能够在现有的宣传方式中对品牌有进一步的了解和认识。

根据表8-3中的数据可知，承德国光苹果品牌在河北省内的美誉度和忠诚度远高于全国指标水平，河北省内的消费者对品牌有更好的口碑以及更多的重复购买行为。承德国光苹果品牌河北省内的忠诚度略高于其美誉度，说明消费者对品牌的口碑存在溢出效应，消费者的消费习惯已经形成，品牌偏好十分明显。整体来看，承德国光苹果的品牌指标接近最优结构，此时品牌具有了极佳的稳定性，抗风险能力强，品牌发展质量优良。

第四节　威梨

一、威梨品牌简介

威梨，是河北省邢台市威县特产，全国农产品地理标志产品。

威梨种植历史悠久，主要有秋月、新梨7号两个品种。秋月梨果实大，呈扁圆形，果形端正，果皮呈青褐色，果肉呈乳白色，细腻酥脆；新梨7号果形长圆，果面光亮，果皮底色呈黄绿色，果肉呈嫩白色，清香化渣。威梨含有丰富的维生素A、维生素B、维生素C、维生素D和维生素E，并含有能使人体细胞和组织保持健康状态的氧化剂。

威梨是威县特有的一个现代梨果区域品牌，2012年威县明确了威梨的4个主栽品种（秋月梨、雪青梨、新梨7号、红香酥）和省力化密植高效栽培模式，大力发展梨果产业。威梨的规模化生产始于2013年，相对于一些已经形成规模且拥有稳定市场的梨品牌来说，威梨显得十分年轻，但是在短短几年的发展中，威梨就凭借自身优势迅速打入梨果市场，受到消费者的一致好评，在威县也成了家喻户晓的"扶贫梨"。2021年6月4日，中华人民共和国农业农村部批准对威梨实施农产品地理标志登记保护。

二、威梨品牌的基础指标与分析

威梨品牌的基础数据，如表8-4所示。

表8-4 威梨品牌的基础数据

指标范围	知名度（%）	认知度（%）	美誉度（%）	忠诚度（%）
全国	19.45	11.32	7.65	6.27
河北省	18.33	10.00	13.33	10.00

从威梨品牌的基础指标数据来看，作为全国农产品地理标志品牌，威梨品牌的全国知名度为19.45%，在本次品牌调研中处于较低水平，在河北省内的知名度与全国知名度相近。威梨品牌的全国认知度为11.32%，与品牌全国知名度的比值为58.20%，河北省内的品牌认知度与品牌知名度的比值也超过了50%，说明消费者对品牌的认知显著有效，品牌的广告宣传和口碑传播效果充分，有部分消费者对威梨的产品特征、产地及上市时间等信息具有一定的了解，而且对该品牌具有购买偏好，在购买同类产品时会优先考虑购买威梨。

威梨品牌的全国美誉度为7.65%，突破了品牌美誉度的第一个关键点1.62%，消费者的正向口碑传播作用开始凸显出来，消费者之间的品牌传播也越来越广泛，且有产生自传播效应的可能性；但相比于品牌全国知名度和认知度，其全国美誉度相对较低，消费者对品牌的认知未能充分转化为对品牌的正向传播。威梨品牌的全国忠诚度为6.27%，略低于品牌全国美誉度，说明品牌的正向传播向消费者重复购买的转化充分，品牌在营销中具有显著作用。威梨品牌的省内美誉度高于其省内认知度，且高于品牌全国美誉度，意味着省内的消费者对品牌的认可度更高，重复购买率更高。

威梨品牌作为梨产品品牌，具有可延伸性，同时梨作为公认的健康水果，消费者对产品本身具有偏好，故可以利用这一点，发展副产品品牌，也应加强品牌宣传，为品牌文化的传播做出努力。

第五节　晋州鸭梨

一、晋州鸭梨品牌简介

晋州鸭梨，是河北省晋州市特产，中国国家地理标志产品。

晋州鸭梨栽培历史悠久，梨果栽种面积较大，梨果品质堪称一绝。晋州鸭梨果实呈倒卵圆形，因其果梗部状似鸭头而得名。晋州鸭梨质量优良，色泽金黄，皮质如玉，果肉细腻，酸甜可口，清香多汁，素有"落地酥碎，嚼后无渣"之美誉，被称为"三大果霸"之一。

为保住"晋州鸭梨"这一品牌，2003年，晋州市政府出台了一系列配套文件，经过几年的引导扶持，初步形成了加工有龙头、种植有基地、生产有标准、产品有品牌、技术有专家、服务有协会、销售有市场的产业化格局。2010年7月13日，国家质量监督检验检疫总局批准对晋州鸭梨实施地理标志产品保护；2016年，晋州鸭梨入选首届河北省名优农产品区域公用品牌；2020年7月20日，晋州鸭梨入选中欧地理标志首批保护清单。

二、晋州鸭梨品牌的基础指标与分析

晋州鸭梨品牌的基础数据，如表8-5所示。

表8-5　晋州鸭梨品牌的基础数据

指标范围	知名度（%）	认知度（%）	美誉度（%）	忠诚度（%）
全国	23.62	8.87	8.58	7.29
河北省	26.92	12.50	17.31	21.15

晋州鸭梨品牌的全国知名度为23.62%，超过了品牌知名度的第二个关键点16.13%，意味着半数消费者对品牌有了较深的认知，不仅熟悉品牌产品的种植地、产品类型，对品牌的价格、包装等也有较深的认知，产生了一定的消费者区隔。该品牌的全国认知度占全国知名度的37.55%，意味着该品牌传播效果不充分，品牌信息未能有效触达目标消费者，可能是品牌营销策略或者宣传渠道与目标消费者不匹配，无法充分获得消费者的关注。晋州鸭梨的河北省内的品牌知名度和品牌认知度略高于全国指标水平，可能是由于水果行业受地理位置影响较大，该品牌的主要消费市场分布在省内区域，在河北省内的影响力要大于品牌全国影响力。

该品牌的全国美誉度与全国认知度基本持平，这意味着对品牌有充分认知的消费者基本上都变成了品牌的口碑传播者，这是消费者对该品牌的产品或服务相当满意，并向其他消费者推荐的结果。晋州鸭梨品牌的全国忠诚度略低于全国美誉度，这意味着消费者口碑充分地转化为消费者重复购买行为，使得品牌知名度、品牌认知度和品牌美誉度三项指标形成的品牌指标结构能够在营销中充分发挥作用，厂商在企业经营中可以将品牌作为有用的营销工具。在河北省内，晋州鸭梨品牌的美誉度和忠诚度均高于其品牌认知度，在消费者对品牌认知不足的情况下出现了大量自传播现象，这可能是由于企业借助自媒体平台对品牌进行过以提高品牌美誉度为目标的营销活动。品牌忠诚度略高于品牌美誉度，这种情况是极好的，说明品牌自传播能力有溢出，相当部分的自传播者或口碑传播者有重复购买行为，使品牌在营销活动中具有较大的影响力。

综合分析，晋州鸭梨品牌指标结构良好，但品牌认知度指标偏低。未来该品牌仍需注重增加宣传类活动，扩大消费者基础，加强消费者认知，吸引消费者体验该品牌的产品。

第六节 泊头鸭梨

一、泊头鸭梨品牌简介

泊头鸭梨，是河北省泊头市特产，中国国家地理标志产品。

泊头是享誉中外的鸭梨主要产区，素有"鸭梨之乡"的美称。鸭梨种植历史悠久，早在西汉时期就开始了以鸭梨为主的果树栽培。泊头也因隋炀帝出游江南在此泊船上岸观赏梨花而得名。泊头鸭梨果形俊秀，皮薄肉细，脆嫩多汁，香甜爽口；果肉色泽乳白，细胞多汁，石细胞少、小，味甜、香气浓郁。

自20世纪50年代起，泊头鸭梨以"天津鸭梨"的商标驰名国际市场，畅销欧美、东南亚等30多个国家和地区，成为中国大宗的出口产品。泊头鸭梨曾荣获中华人民共和国对外经济贸易部"优质出口产品"称号，泊头又被称为"中国鸭梨第一乡"。

2004年9月27日，国家质量监督检验检疫总局批准对泊头鸭梨实施原产地域产品保护。2020年7月27日，泊头鸭梨入选中欧地理标志第二批保护名单。

二、泊头鸭梨品牌的基础指标与分析

泊头鸭梨品牌的基础数据，如表8-6所示。

表8-6 泊头鸭梨品牌的基础数据

指标范围	知名度（%）	认知度（%）	美誉度（%）	忠诚度（%）
全国	36.40	23.05	12.10	10.20
河北省	39.58	29.17	22.92	19.79

泊头鸭梨品牌的全国知名度为36.40%，非常接近品牌知名度的第三个关键点37.50%，此时的品牌表现为部分消费者知晓该品牌，且对品牌的信息有一定的了解，品牌具备成为有力竞争工具的条件。泊头鸭梨品牌的全国认知度为23.05%，与品牌全国知名度的比值是63.32%，但由于品牌知名度本身偏低，所以该品牌在全国范围内认知度并不高。这可能与品牌前期以"天津鸭梨"的商标向外宣传和销售有关，且该品牌销售目标市场定位于国外，在国内品牌知名度和品牌认知度偏低则属正常现象。

从表8-6中的数据可以看出，泊头鸭梨品牌的美誉度为12.10%，为品牌认知度的50%左右，品牌正向口碑转化不充分，但从10.20%的品牌忠诚度来看，消费者对品牌的赞誉被充分地转化为重复购买率，为品牌积累了大量忠诚消费者。品牌美誉度在河北省内与品牌认知度更加接近，品牌省内忠诚度也不低，说明该品牌产品品质优良，值得消费者重复购买。

从河北省内的品牌评价指标来看，品牌知名度和品牌认知度与全国数据相差较小，说明品牌在省内外的营销策略差异不大；但省内的品牌美誉度和品牌忠诚度明显高于全国指标水平，所以泊头鸭梨作为中国国家地理标志产品，受到了更多省内消费者的青睐，品牌的区域优势较为明显。建议以河北省内市场为重心，把控产品品质，逐步开拓周边省份市场，加大品牌宣传力度，扩大品牌影响力。

第七节　饶阳葡萄

一、饶阳葡萄品牌简介

饶阳葡萄，是河北省饶阳县特产，中国国家地理标志产品。

饶阳葡萄有多个品种：①藤稔品种。果穗呈圆锥形，果实呈紫红色，肉脆、酸甜适口。②巨峰品种。果穗呈圆锥形或圆柱形，果实呈红色，果肉硬而脆甜，汁多有肉囊。③维多利亚品种。果穗大、稍长，呈圆锥形，果实呈黄绿色，果肉硬而脆甜，无酸味。④红宝石无核品种。果穗大，呈圆锥形，有歧肩，穗形紧凑，果粒较小，果实呈红宝石色，果肉脆，无核，味甜爽口。饶阳县生产的"乐乡"牌和"万爱"牌葡萄已经连续两年获得中国（廊坊）农产品交易会"优质产品"称号。

饶阳县从政策、资金、技术等方面全方位扶持设施葡萄种植产业。全县设施葡萄种植面积达到5.8万亩（1亩≈0.0667公顷），其中温室葡萄1.8万亩，大棚葡萄4万亩，年产葡萄1亿千克，产值达13亿元，已成为全国规模最大的设施葡萄生产基地。2023年全县葡萄种植面积11万亩，年产各类鲜食葡萄30万吨，年产值达26亿元。

2014年12月8日，国家质量监督检验检疫总局批准对饶阳葡萄实施地理标志产品保护。

二、饶阳葡萄品牌的基础指标与分析

饶阳葡萄品牌的基础数据，如表8-7所示。

表8-7　饶阳葡萄品牌的基础数据

指标范围	知名度（%）	认知度（%）	美誉度（%）	忠诚度（%）
全国	35.00	19.25	11.40	8.60
河北省	40.30	23.88	17.91	14.93

饶阳葡萄品牌的全国知名度为35.00%，在本次品牌调研中处于中等水平，说明全国已有部分消费者对该品牌有了一定的认知，形成了一定的消费者知晓基础，为品牌的产品推广奠定了基础，且消费者表现出购买意愿，品牌可能成为有效的竞争工具。另外，品牌全国认知

度为19.25%，与品牌全国知名度的比值较理想，说明品牌信息传播效果充分，消费者对品牌的口感、果粒特征和价格等信息有所了解。这一比值在河北省内更高，说明省内的消费者对该地理标志品牌的认知程度更深。

从品牌美誉度来看，饶阳葡萄品牌在省内的认可度更高，葡萄作为水果产品，其生长环境、储存条件和物流发货等必要因素对产品影响较大，所以运输到河北省外价格也会有大幅调整，如果消费者体验后的满意程度未能达到对该品牌的预期，可能导致该品牌的美誉度不高。另外，消费者的喜好各异，目标消费者定位有误也是造成品牌美誉度不高的可能的原因之一。

综上所述，饶阳葡萄品牌省内的指标结构呈现出逐次下降趋势，省内指标水平高于全国指标水平，是一个处于成长期且地区差异不显著的品牌。

第八节　魏县鸭梨

一、魏县鸭梨品牌简介

魏县鸭梨，是河北省邯郸市魏县特产，中国国家地理标志产品。

魏县鸭梨因果实呈倒卵形，近果柄处有一鸭头状突起，形似鸭头，加上金黄的果皮，更像一只毛茸茸的小鸭子，故名"鸭梨"。魏县适宜的土壤气候条件，孕育了魏县鸭梨独特的品质，魏县鸭梨以个大皮薄、色艳肉细、核小渣少、酸甜适宜、果形端正而享誉海内外。魏县鸭梨是中国古老的优良梨品种，已有2000多年的种植历史。据专家考证，孔融当年所让之梨应该就是魏县鸭梨。

2007年10月22日，国家质量监督检验检疫总局批准对魏县鸭梨实施地理标志产品保护。

二、魏县鸭梨品牌的基础指标与分析

魏县鸭梨品牌的基础数据，如表8-8所示。

表8-8 魏县鸭梨品牌的基础数据

指标范围	知名度（%）	认知度（%）	美誉度（%）	忠诚度（%）
全国	27.89	13.78	9.26	6.86
河北省	41.67	26.67	18.33	16.67

魏县鸭梨品牌具有良好的消费者认知基础，且在河北省内的各项品牌指标均明显高于全国指标水平，品牌区域性特征显著。魏县鸭梨品牌的全国知名度是27.89%，超过品牌知名度的第二个关键点16.13%，此时品牌出现了大范围的消费者认知，消费者对产品、企业及品牌内涵等信息有了较深的了解和认知。品牌全国认知度占全国知名度的49.41%，接近二者比值的理想值50%，品牌传播效果良好。

与品牌认知度相比，魏县鸭梨获得了较好的消费者口碑，品牌全国美誉度达到了9.26%，说明消费者对产品品质感到比较满意，且品牌认知向品牌口碑的转化率较高。品牌知名度、品牌认知度、品牌美誉度之间的良好的比例关系对产品的销售发挥了促进作用，魏县鸭梨品牌在全国及河北省内均收获了一批忠实消费者，他们产生了多次购买行为，品牌偏好明显。

综上所述，魏县鸭梨当前应当处于品牌成长期后期，品牌影响力较大但区域性特征比较明显，未来可以考虑在全国范围内扩大宣传，使品牌成长为全国性优质品牌。

第九节　宣化牛奶葡萄

一、宣化牛奶葡萄品牌简介

宣化牛奶葡萄，是河北省张家口市宣化区特产，中国国家地理标志产品。

宣化牛奶葡萄果肉脆而多汁，酸甜比适中，含有丰富的葡萄糖、维生素和矿物质，可剥皮，具有刀切不流汁的特点，是中国最佳鲜食葡萄品种之一，具有不可移植性。

宣化是中国古老的葡萄产区之一，也是牛奶葡萄的原产区，相传西汉张骞出使西域时引入。据史书记载，宣化从唐僖宗年间引进并开始栽培葡萄，由于当地自然气候条件独特，培育出特有的"白牛奶葡萄"品牌，距今已有1300多年的栽培历史，是传统漏斗架式葡萄种植的产区。宣化牛奶葡萄先后在国际国内拿过多项大奖，清宣统元年（1909年），在巴拿马万国博览会上获得"荣誉产品奖"，曾连续四年蝉联"中国农产品区域公用品牌价值百强"奖。

2007年6月26日，国家质量监督检验检疫总局批准对宣化牛奶葡萄实施地理标志产品保护；2016年，宣化牛奶葡萄荣获"河北省十大林果品牌"称号；2019年11月，入选中国农业品牌目录2019农产品区域公用品牌。

二、宣化牛奶葡萄品牌的基础指标与分析

宣化牛奶葡萄品牌的基础数据，如表8-9所示。

表8-9 宣化牛奶葡萄品牌的基础数据

指标范围	知名度（%）	认知度（%）	美誉度（%）	忠诚度（%）
全国	31.82	15.51	9.09	6.02
河北省	32.79	19.67	14.75	9.84

宣化牛奶葡萄品牌的全国知名度为31.82%，接近品牌知名度的第三个关键点37.50%，说明半数以上的消费者对该品牌的种植地、产品品种、产品口感等有较深的认知，甚至在面对异质异价的同类产品时会产生明显的购买意愿，逐渐形成了品牌偏好。该品牌的全国认知度和全国知名度之比为48.74%，意味着品牌传播效果一般，消费者对该品牌形成的认知不够全面。这可能是因为品牌传播策略或传播渠道未能完全匹配目标消费群体，使品牌信息未能有效触达消费者。品牌在河北省内的知名度与认知度水平略高于全国指标水平，意味着该品牌已逐渐褪去区域性品牌特征，逐渐向全国性品牌发展。

该品牌的全国美誉度与全国忠诚度的比率合理，意味着消费者对该品牌的认知能够充分地转化为品牌的良好口碑，且消费者之间的自传播能够有效地提高重复购买率。从表8-9中的基础数据可知，河北省内的品牌美誉度和品牌忠诚度均高于全国指标水平，受原产地及水果运输成本的影响，宣化牛奶葡萄品牌的消费市场大多集中在河北省内，品牌在省内得到了更多消费者的认可。未来该品牌需注重消费者体验，同时加大对产品质量的把控力度，促使消费者产生重复购买行为。

综上所述，该品牌的基础指标结构接近逐次下降结构，未来需要重视品牌推广，扩大品牌影响力。

第十节　新乐西瓜

一、新乐西瓜品牌简介

新乐西瓜，是河北省新乐市特产，中国国家地理标志产品。

新乐西瓜种植历史悠久，独特的沙地资源形成了昼夜温差大的独特气候，有利于西瓜糖分的积累。新乐西瓜果肉呈粉红色、艳红色，瓜瓤脆沙甘甜、多汁爽口，无黄筋，深受消费者的欢迎。大棚西瓜成为新乐市的特色农业产业之一。

2005年，新乐市西瓜种植面积达10万亩（1亩≈0.0667公顷），瓜农年人均增收1000元，其主产区邯邰镇西瓜产地约4万亩，价值达1亿多元。其中，大中棚西瓜种植面积达到2.5万亩，产量达到10万吨，平均亩效益达到6000元，全镇瓜农实现创收1.5亿元。2013年，新乐市有10万农民参与西瓜育苗、生产、销售和运输，涌现出一批专门从事育苗、种植、运输的专业村、专业户，初步形成了一业带多业的产业化经营格局。

2013年1月11日，国家质量监督检验检疫总局批准对新乐西瓜实施地理标志产品保护。

二、新乐西瓜品牌的基础指标与分析

新乐西瓜品牌的基础数据，如表8-10所示。

表8-10　新乐西瓜品牌的基础数据

指标范围	知名度（%）	认知度（%）	美誉度（%）	忠诚度（%）
全国	14.99	8.69	4.53	4.16
河北省	23.21	11.61	10.71	10.71

新乐西瓜的河北省内指标均优于全国性指标，品牌的区域性特征比较明显。新乐西瓜品牌在全国的知名度是14.99%，此时的品牌知名度开始对营销起到促进作用，但目前这一作用还比较弱。品牌认知度占品牌知名度的57.97%，说明品牌的传播效果较好，消费者能够通过现有的宣传方式对品牌内涵、产品信息进行深入了解。

新乐西瓜的全国美誉度达到了4.53%，此时品牌在消费者之间的传播越来越广泛，品牌口碑开始对产品销售发挥促进作用。新乐西瓜在河北省内的品牌认知度、品牌美誉度、品牌忠诚度比较接近，说明品牌获得了当地消费者的认可，且这部分消费者产生了多次购买行为。西瓜作为同质性较高的农产品，购买便捷性是影响消费者选择的重要因素之一，因此在产地一般会拥有更好的消费者基础，这也是新乐西瓜品牌省内指标优于全国指标的原因之一。

综上所述，新乐西瓜的品牌指标结构良好，接近于次优结构，各指标间关系合理，是一个处于品牌成长期的区域性品牌。

第十一节　青县羊角脆

一、青县羊角脆品牌简介

青县羊角脆，是河北省青县特产，中国国家地理标志产品。

青县羊角脆属薄皮甜瓜，果实呈长锥形，一端大，一端稍细而尖，弯曲似羊角，故名"羊角脆"。羊角脆平均果长25~35厘米，单瓜重500~1000克；连续结果能力强，单株结果6~10个。成熟后，果实呈灰白色，肉色淡绿，瓜瓤呈橘红色，极为美观；肉厚2厘米左右，果实香甜，酥脆可口。

羊角脆在青县的发展历史悠久。早在宋朝时期，这里便生长出羊角脆，时称"小西葫"。到了元代，忽必烈屯兵青县时，他仔细端详手中状似羊角的甜瓜，将其更名为"羊角脆"。2015年，青县羊角脆年种植面积达3000公顷，年产量24万吨，年产值11.5亿元，占全县蔬菜总产值的26%。2018年，青县羊角脆种植面积达6.5万余亩（1亩≈0.0667公顷），占青县甜瓜种植面积的一半以上，是中国规模最大的羊角脆生产基地。青县羊角脆销售市场辐射范围涉及京津、东北、内蒙古等15个地区，年产量达20万吨，年产值达到6亿元。2020年前后青县大棚羊角脆种植规模达到5万多亩，产品销往周边市县以及北京、天津、东北三省等地，市场前景广阔。

2015年6月19日，国家质量监督检验检疫总局批准对青县羊角脆实施地理标志产品保护。

二、青县羊角脆品牌的基础指标与分析

青县羊角脆品牌的基础数据，如表8-11所示。

表8-11 青县羊角脆品牌的基础数据

指标范围	知名度（%）	认知度（%）	美誉度（%）	忠诚度（%）
全国	17.27	8.75	4.66	3.75
河北省	18.03	9.02	9.84	8.20

青县羊角脆品牌的全国知名度为17.27%，突破了品牌知名度的第二个关键点16.13%，表现为半数消费者对该品牌已有较深认知，对品牌种植地、产品价格等相关信息有较深的认知。品牌认知度与品牌知名度的比值为50.67%，意味着该品牌传播效果较好，消费者对品牌形成的认知是有效的。河北省内的品牌知名度与品牌认知度略高于全国指标水平，说明该品牌区域性特征并不明显，品牌在省内外采取的经营策略

无差别。

该品牌的全国美誉度和全国忠诚度指标均偏低，品牌美誉度与品牌认知度的比率不太合理，消费者对该品牌的认知未能充分转化为对该品牌的良好口碑，但对该品牌持认可态度的消费者有较高的自传播率。对比表8-11所示的基础数据可知，河北省内的品牌美誉度和忠诚度均远高于全国指标水平，意味着该品牌在省内受到了较多的认可和赞许。造成这种情况的原因可能是品牌差异化不足，无法充分吸引消费者，激发其购买兴趣。受地理位置影响，青县羊角脆品牌在河北省内拥有更大的影响力。未来该品牌仍需加大在全国范围内的宣传力度，注重对产品质量的把控，创新营销策略，吸引消费者注意，从而扩大该品牌在全国范围内的影响力。

综合分析，该品牌在河北省内的指标比例关系良好，指标结构优于全国指标水平。无论是河北省内还是全国，该品牌都拥有较好的消费者认知基础，为品牌未来的发展打下了良好的基础，故该品牌是一个发展状态良好的品牌。

第十二节　山海关大樱桃

一、山海关大樱桃品牌简介

山海关大樱桃，是河北省秦皇岛市山海关区特产，中国国家地理标志产品。

山海关大樱桃个大、色鲜，汁液多，甜酸适度、清香可口，已有30余年的栽培历史，全区大樱桃栽培面积达3.2万亩（1亩≈0.0667公顷），是国家级大樱桃生产标准化示范区，结果面积2.5万亩，年产量超过2万吨，年产值达3亿元。该区在原中华人民共和国国家工商行政管理总局注册了"贡仙"商标，利用"互联网+""快递+"新业态、新产业，享誉京津，远销上海、广东等省市，高峰时期日发货量达2000箱。2018年6月14日，国家知识产权局正式批准"山海关大樱桃"为地理标志证明商标。

二、山海关大樱桃品牌的基础指标与分析

山海关大樱桃品牌的基础数据，如表8-12所示。

表8-12 山海关大樱桃品牌的基础数据

指标范围	知名度（%）	认知度（%）	美誉度（%）	忠诚度（%）
全国	18.18	9.83	5.80	3.64
河北省	22.95	15.57	9.84	9.84

山海关大樱桃品牌的河北省内知名度略高于全国知名度，说明品牌在省内外的宣传力度并无差异，该品牌属于中国国家地理标志产品品牌，从品名上具有一定的宣传优势。该品牌知名度超过了品牌知名度的第二个关键点16.13%，已具有较好的消费者认知基础，消费者对品牌的产品特征、产地及价格等信息均有较深的了解。河北省内品牌认知度与品牌知名度的比值高于全国品牌认知度与品牌知名度的比值，故河北省内的消费者对品牌的认知程度更深。此时消费者已经形成了品牌偏好，在同类产品当中倾向于选择该品牌的产品，或将该品牌作为购买的主要备选之一。

山海关大樱桃品牌的省内美誉度和忠诚度相比全国指标水平更高，说明消费者已经产生了自传播现象，在体验该品牌的产品之后也感到满意，从而增加了品牌的重复购买率。从表8-12中可以看出，河北省内的消费者对该品牌具有更高的品牌认可度，该品牌在省内可以成为企业获取利润的工具，而且可以作为区域公用品牌，赋予符合山海关大樱桃

质量标准的产品商标使用权,从而达到良好的品牌收益。

从品牌指标关系上来看,各项品牌指标之间的比值均处于合理范围内,甚至达到优秀水平,可见品牌发展趋势良好,可能处于品牌成长期的中后期。樱桃本身价格偏贵,与生长环境和储存运输条件苛刻等因素相关,又受国外樱桃品种竞争的影响,故能够获取部分消费者的认知与青睐即可证明该品牌具有良好的发展前景。作为国家地理标志产品,品牌要加强创新,不仅可以从产品上进行创新,还可以在营销形式上进行创新,以吸引更多的消费者购买。

第十三节 富岗苹果

一、富岗苹果品牌简介

富岗苹果,是河北省内丘县特产,中国国家地理标志产品。

富岗苹果因生长于太行山深处的富岗山庄(原岗底村,2001年更名"富岗山庄")而得名。富岗苹果多项指标均高于全国平均值。其果肉硬度大、纤维少、质地细。2011年3月16日,国家质量监督检验检疫总局批准对富岗苹果实施地理标志产品保护,2018年12月2日富岗苹果种植区入选第二批中国特色农产品优势区。

二、富岗苹果品牌的基础指标与分析

富岗苹果品牌的基础数据,如表8-13所示。

表8-13 富岗苹果品牌的基础数据

指标范围	知名度(%)	认知度(%)	美誉度(%)	忠诚度(%)
全国	41.70	26.00	15.20	13.60
河北省	54.22	37.35	30.12	28.92

富岗苹果品牌的全国知名度为41.70%，在本次品牌调研中处于中等偏上水平，说明消费者对该品牌有了一定的认知，形成了良好的消费者知晓基础。另外，品牌全国认知度为26.00%，与品牌全国知名度的比值较合理，说明品牌信息的有效传播率较高，消费者了解到品牌更多有用的信息。这一比值在河北省内更高，说明河北省内的消费者对该品牌的认知程度更深。

从品牌全国美誉度来看，富岗苹果品牌在省内的消费者认可度更高，造成这一现象的原因可能是苹果品种繁多，全国的苹果种植基地均有自主品牌，且口味各有差异，消费者的购买选择较多，所以品牌美誉度不高。从省内的品牌美誉度和品牌忠诚度数据也可以知道，省内的消费者对该品牌产品的接受度更高。

综上所述，富岗苹果品牌全国和河北省内的指标结构均为逐次下降结构，省内指标也远高于全国指标水平，消费者偏好不同导致品牌忠诚的差异，故该品牌是一个质量优良且处于成长期的品牌；尤其是在省内指标优势更明显，可能出现了高自传播率，本省消费者对富岗苹果的认可度更高，消费者偏好更明显，市场影响力更大。

第十四节　顺平桃

一、顺平桃品牌简介

顺平桃，是河北省顺平县特产，中国国家地理标志产品。

顺平县桃产业起步于20世纪80年代中期，现已成为该地区域经济的支柱产业，顺平桃也成为中国闻名的农业特色产品。当地生产的鲜桃分早熟、中熟、晚熟和极晚熟四种类型，有毛桃类、油桃类、蟠桃类、黄桃类近300个品种。鲜桃的上市期从每年的4月份一直延续到10月份,顺平县成为中国桃品种多、采摘时间长的种植大县。

2010年12月15日,国家质量监督检验检疫总局批准对顺平桃实施地理标志产品保护。

二、顺平桃品牌的基础指标与分析

顺平桃品牌的基础数据,如表8-14所示。

表8-14 顺平桃品牌的基础数据

指标范围	知名度(%)	认知度(%)	美誉度(%)	忠诚度(%)
全国	35.10	23.65	10.20	8.50
河北省	35.80	25.31	18.52	17.28

顺平桃品牌的全国知名度为35.10%,与品牌在河北省内的知名度近乎相同,说明品牌在河北省内外的品牌经营策略没有差别,其品牌知名度在本次调研的品牌中处于中等水平。品牌全国认知度达到了品牌知名度的67%以上,说明知晓品牌的消费者对品牌的基本信息有不同程度的了解,且大部分消费者对品牌的了解较深。

顺平桃品牌的全国美誉度为10.20%,超过了品牌美誉度的第一个关键点1.62%,消费者的口碑作用开始凸显出来,但消费者对品牌的认知并没有完全转化成对品牌的赞美和口碑。相比之下,该品牌在河北省内的美誉度要明显高于全国美誉度,与品牌认知度的比例关系更优,消费者认知也得到了充分的转化。顺平桃的品牌忠诚度与品牌美誉度较接近,虽未达成最优,但品牌美誉度已得到充分转化,消费者形成了强品牌偏好,有助于品牌口碑的形成。

综上所述,顺平桃品牌河北省内的指标结构与全国指标结构相似,品牌具有良好的口碑,发展状态较为健康,是处于成长期的品牌,且消费者品牌忠诚度高,未来发展应注重忠诚消费者的维系以及新消费者的引入，通过消费者口碑传播、广告宣传等手段提高品牌知名度和品牌认知度。

第十五节　满城草莓

一、满城草莓品牌简介

满城草莓，是河北省保定市满城区特产，全国农产品地理标志。

满城草莓种植区的土壤通风性好，土层深厚，土壤肥沃。种植出来的草莓个头大，外观呈心形，鲜美红嫩，果肉多汁，酸甜可口，香味浓郁，含有较多的营养物质。

2016年11月2日，中华人民共和国农业部正式批准对满城草莓实施农产品地理标志登记保护。

二、满城草莓品牌的基础指标与分析

满城草莓品牌的基础数据，如表8-15所示。

表8-15　满城草莓品牌的基础数据

指标范围	知名度（%）	认知度（%）	美誉度（%）	忠诚度（%）
全国	27.60	17.80	9.20	7.60
河北省	37.04	23.46	16.05	14.81

满城草莓品牌的全国知名度为27.60%，作为河北省的地理标志产品，与品牌省内知名度的差距较小，说明该品牌得到了全国范围内许多消费者的关注，消费者知晓品牌名称，部分消费者对该品牌产品形成了消费偏好，且在河北省内形成消费偏好的消费者占全省人口的比例更大。满城草莓品牌的全国认知度达到了全国知名度的64.49%，已经处

于认知状态良好的水平，消费者对其品牌原产地、产品特征、口感等信息都有较深的了解，对消费者口碑传播起到正向推动作用。

从品牌全国美誉度来看，消费者对品牌的认知并没有向品牌美誉度充分转化，说明满城草莓的品质并没有得到消费者的普遍赞美和口碑，且作为水果，满城草莓的口感也会因消费者偏好不同而存在褒贬不一的现象，这同样会影响到品牌的美誉度。品牌的全国忠诚度为7.60%，喜好该品牌产品的消费者对品牌的忠诚度极高，但相对于品牌知名度和品牌认知度，品牌忠诚度偏低，说明品牌需要在产品推广、品牌宣传等方面实施更贴合该品牌发展调性的策略。

综上所述，满城草莓品牌在河北省内的指标水平显著优于全国指标水平，是一个处于成长发展阶段的品牌。根据该品牌产品特性来看，品牌应注重对河北省内市场的开拓，并需要注重公共关系类活动，积极开展消费者体验活动，提高品牌的推荐和传播效率。

第十六节　黄骅冬枣

一、黄骅冬枣品牌简介

黄骅冬枣，是河北省黄骅市特产，中国国家地理标志产品。

黄骅是"中国冬枣之乡"，已有近3000年的冬枣种植历史，是中国第一个获得原产地域保护的果品，被誉为"全国260余个鲜食枣品之冠""枣中极品"和"百果之王"。黄骅冬枣皮薄、肉厚、核小，肉质细嫩而酥脆，酸甜适口，口感极佳，是北方落叶果树中的高档鲜食品种。黄骅冬枣含有大量的维生素A、维生素E以及钾、钠、铁、铜等多种微量元素。其营养价值为百果之冠，有"百果王"之称。2002年6月12日，国家质量监督检验检疫总局批准对黄骅冬枣实施原产地域产品保护。

经过20多年的发展，黄骅冬枣种植规模已达到11万亩（1亩≈0.0667公顷），产品销往加拿大、美国、新西兰、英国、澳大利亚等15个国家和地区。

二、黄骅冬枣品牌的基础指标与分析

黄骅冬枣品牌的基础数据，如表8-16所示。

表8-16 黄骅冬枣品牌的基础数据

指标范围	知名度（%）	认知度（%）	美誉度（%）	忠诚度（%）
全国	34.10	21.60	12.20	11.10
河北省	55.21	39.58	26.04	28.13

黄骅冬枣品牌的全国知名度为34.10%，超过了品牌知名度的第二个关键点16.13%，具有良好的消费者知晓基础。品牌的全国认知度为21.60%，与品牌全国知名度的比值是63.34%，说明品牌认知度有效，传播效果良好，消费者不仅知晓该品牌，并且对品牌信息有更深程度的了解。作为枣类品牌，行业内竞争对手较多，且品牌容易形成地区优势，消费者一旦接受某一品牌就很难改变口味和购买习惯，所以该品牌在河北省内的知名度和认知度远高于其全国指标水平。

黄骅冬枣品牌的全国美誉度为12.20%，与品牌全国认知度相比明显偏低，这一现象表明，消费者对品牌的正确认知没有充分转化为对品牌口碑的正向传播。品牌全国忠诚度略低于品牌全国美誉度，对品牌的正向传播使目标消费者成为品牌忠诚者，品牌的重复购买率高；但这两项全国指标均低于省内指标，且在河北省内，品牌忠诚度略高于品牌美誉度，消费者对品牌的正向口碑向重复购买的转化率更高，该品牌在省内销量更高。

从河北省的数据来看，4个品牌评价指标均明显高于全国指标水平，说明黄骅冬枣品牌还没有完全褪去区域性品牌的特征，品牌结构健康且较稳定。

综上所述，该品牌可以将营销重点放在河北省内市场，有余力再开拓省外市场。增强维持现状的实力，利用消费者自传播效应扩大品牌影响力。

第十七节　赵县雪花梨

一、赵县雪花梨品牌简介

赵县雪花梨，是河北省石家庄市赵县特产，中国国家地理标志产品。

赵县雪花梨果形端正，呈卵圆形或阔圆形，色泽鲜雅而有蜡质，具有浅褐色斑点；果肉洁白如玉、似霜如雪，有冰糖味及特殊的怡人香气。贮藏后，果皮渐呈金黄色。2017年11月，国家质量监督检验检疫总局批准对赵县雪花梨实施地理标志产品保护。

二、赵县雪花梨品牌的基础指标与分析

赵县雪花梨品牌的基础数据，如表8-17所示。

表8-17　赵县雪花梨品牌的基础数据

指标范围	知名度（%）	认知度（%）	美誉度（%）	忠诚度（%）
全国	36.90	22.00	13.50	12.20
河北省	64.71	39.41	28.24	31.76

赵县雪花梨品牌的全国知名度为36.90%，在本次品牌调研中处于

中等水平，说明全国已有部分消费者对该品牌有了认知，形成了一定的消费者知晓基础。另外，品牌全国认知度为22.00%，与品牌全国知名度的比值达到了50%以上，说明品牌信息的有效传播率较高，消费者了解到品牌更多有用的知识，且这一比值与河北省内的指标比值相近。该品牌在河北省内的知名度远高于其全国知名度，说明品牌在本地的宣传力度更强，广告传播重复率更高。

与品牌全国美誉度相比，赵县雪花梨品牌在省内的认可度更高，造成这一现象的原因可能是梨品种繁多，消费者的购买选择多样，所以品牌全国美誉度不突出；但该品牌河北省内的品牌忠诚度高于品牌美誉度，说明品牌获得了高重复购买率，这一比例说明该品牌梨产品品质优良，性价比高，值得回购。

综上所述，赵县雪花梨品牌省内指标优于全国指标，这可能与品牌的经营策略有关，且该品牌为农产品，在物流运输、产品储存等方面有诸多限制，所以在全国市场竞争中不占优势。

第九章
河北坚果类品牌个案分析

第一节 临城核桃

一、临城核桃品牌简介

临城县地处太行山东麓，山区丘陵占全县总面积的85.2%，土壤构成以片麻岩为主，土质中性偏碱，钙质丰富，土壤条件适合种植薄皮核桃。薄皮核桃不用任何工具，手捏即开，食用方便，肉香，脂肪、蛋白质，特别是钙、铁等多种元素含量高，营养丰富，已然形成购买风尚。

临城县自1999年开始引种薄皮核桃，2000年开始大规模推广，2003年效益初显，形成了以河北绿岭果业有限公司、河北绿蕾农林科技有限公司、河北新惠通生态农业科技有限公司等为中心，辐射全县8个乡镇的薄皮核桃生产基地，现已成为我国北方规模最大的优质薄皮核桃生产基地。临城县薄皮核桃目前已发展到10万余亩（1亩≈0.0667公顷），其中进入盛果期的有1万余亩，预计总产量达到80万千克，产值3200余万元，薄皮核桃产业成为临城县规模最大、效益最好、最具发展潜力的林业支柱和特色产业。

二、临城核桃品牌的基础指标与分析

临城核桃品牌的基础数据，如表9-1所示。

表9-1 临城核桃品牌的基础数据

指标范围	知名度（%）	认知度（%）	美誉度（%）	忠诚度（%）
全国	26.41	10.96	7.31	5.95
河北省	28.79	18.94	9.09	10.61

临城核桃品牌的全国知名度为26.41%，超过了品牌知名度的第二个关键点16.13%，这意味着半数消费者对临城核桃已有较深的认知，在面对异质异价的同类产品时会对该品牌的产品有明显的购买意愿。其品牌认知度与品牌知名度之比为41.50%，低于50%，说明该品牌传播效果一般，其传播渠道或是传播策略与目标受众不匹配，使得目标消费者获取的有效信息较少。临城核桃品牌在河北省内的知名度和认知度比在全国范围内略高，品牌区域性特征不明显，但该品牌在河北省内的传播效果更加充分，优于在全国范围内的品牌传播效果。

该品牌在全国的美誉度为7.31%，超过了品牌美誉度的第一个关键点1.62%，此时消费者的口碑作用开始凸显出来，消费者之间的传播也越来越广泛。品牌忠诚度与品牌美誉度之比为81.40%，可以看出消费者对品牌的赞誉和口碑充分地转化为重复购买行为。对比全国指标数据，河北省内的品牌忠诚度略高于品牌美誉度，说明品牌自传播能力有溢出，相当部分的自传播者或口碑传播者有重复购买行为，这使得品牌知名度、品牌认知度和品牌美誉度三项指标形成的品牌指标结构能够在营销中充分发挥作用。

综合分析，临城核桃品牌指标结构较为合理，但品牌美誉度指标略低，品牌美誉度与品牌认知度的比值偏低，消费者对品牌的认知未能充分地转化为对品牌的认可。未来该品牌应注重公共关系类活动，让消费者深入了解并体验该品牌的产品，以提高消费者的满意度，促进品牌口碑的正向传播。

第二节　滦州花生（东路花生）

一、滦州花生（东路花生）品牌简介

唐山的花生主要产于滦州市、迁安市、滦南县。滦南县主要种植小花生。滦州花生薄皮黑壳、籽粒饱满，以蛋白质、脂肪、多种维生素含量丰富而闻名，是传统的出口产品。滦州花生又称"滦县雷庄大花生"，以果大、皮薄、色白、饱满，出油率高，有光泽著称，在国际市场上被称为"东路花生"，深受广大消费者欢迎。

1996年滦南县被中华人民共和国农业部特产之乡命名委员会命名为"中国花生之乡"，2000年滦州花生在北京国际农业博览会上被评为"名优农产品"，2002年滦州花生在第六届中国（廊坊）农产品交易会上被评为"优质农产品"。

二、滦州花生（东路花生）品牌的基础指标与分析

滦州花生（东路花生）品牌的基础数据，如表9-2所示。

表9-2　滦州花生（东路花生）品牌的基础数据

指标范围	知名度（%）	认知度（%）	美誉度（%）	忠诚度（%）
全国	16.12	8.25	4.53	4.41
河北省	23.21	10.71	14.29	12.50

滦州花生（东路花生）品牌在河北省内的知名度高于全国知名度，作为中国国家地理标志产品，该品牌具有显著发展优势，且品牌的基础指标的比值处于合理范围内，在消费者之间具有较好的认知基础。该品

牌的省内认知度与知名度的比值接近50%，说明消费者对品牌的基本信息，如产品性状、产地及品类等方面有较深的了解，这也为品牌美誉度和品牌忠诚度的形成打下了良好的基础。

滦州花生（东路花生）品牌在河北省内的美誉度远高于其全国美誉度，一方面是因为该品牌本身在省内的认知程度更高，品牌美誉度也相对更高；另一方面是因为省内消费者对本地花生产品具有更大的认同感，认可度更高。品牌在省内的美誉度高于其省内认知度，进一步说明了消费者在体验该品牌的产品之后感到满意，虽然可能并不知道其具体产地，但对品牌的赞许程度高。这也会大大提高消费者对品牌产品的重复购买率，并且通过数据能够发现当地消费者对该品牌具有明显的品牌偏好。

从表9-2中的数据可知，该品牌具有良好的发展基础和趋势，未来应该在品牌知名度和品牌认知度的提高上做出努力，通过广告宣传、直播带货、短视频拍摄等方式促进品牌传播，既能节省成本，也能获得更好的传播效果；但随着直播方式和短视频的兴起，在同质性较高的众多农产品品牌中脱颖而出并不容易，所以在品牌营销方式上的创新是必然的，可以通过制定发展目标、定位目标消费者或目标营销群体、规划品牌发展框架等方式打造品质优良、具有独特吸引力的品牌。

第三节　阜平大枣

一、阜平大枣品牌简介

阜平大枣，又称"阜平吉祥大枣"，是河北省保定市阜平县特产，全国农产品地理标志。

阜平县地处太行山脉，阜平大枣产枣区为浅山丘陵区，阜平大枣种植历史悠久。阜平大枣鲜枣为长圆形，大小整齐，成熟后为棕红色，有光泽，肉厚核小，果肉细腻，甜酸可口，单果质量10~15克；干制枣颜色为深红色，有光泽，肉质紧实，糯性强，枣香浓郁。

2021年6月30日，中华人民共和国农业农村部批准对阜平大枣实施国家农产品地理标志登记保护。

二、阜平大枣品牌的基础指标与分析

阜平大枣品牌的基础数据，如表9-3所示。

表9-3 阜平大枣品牌的基础数据

指标范围	知名度（%）	认知度（%）	美誉度（%）	忠诚度（%）
全国	40.20	26.35	12.90	10.30
河北省	41.98	29.01	14.81	17.28

阜平大枣品牌的全国和河北省内知名度分别为40.20%和41.98%，二者的数值非常接近，作为中国国家地理标志品牌，这一品牌知名度已经非常优秀，且说明品牌在全国范围内的营销策略有效。品牌认知度与品牌知名度的比值也分别达到了65.55%和69.10%，远高于50%，说明品牌传播效果良好，消费者对品牌信息有一定的了解，这对消费者口碑传播有正向作用。

另外，阜平大枣品牌的全国美誉度为12.90%，远低于品牌全国认知度，品牌的正向传播效果一般，即虽然有品牌偏好者，但比例不高，在同类产品的比较中逊于其他品牌的产品。较低的品牌美誉度带来的结果就是品牌忠诚度不高，品牌的忠诚消费者人数少，但品牌美誉度向品牌忠诚度转化充分，需要应用营销手段维系这部分消费者。

从河北省内的品牌美誉度和品牌忠诚度的关系来看，品牌忠诚度是略高于品牌美誉度的。品牌在省内获得了较高的重复购买率，河北省内的消费者对该品牌的认可度更高，这也符合品牌作为地理标志的特征。

综上所述，表9-3中阜平大枣品牌在全国和河北省内的指标结构有所差异，品牌全国指标结构呈逐次下降趋势，河北省指标结构接近次优结构。品牌的指标结构较为健康，品牌口碑优良，对忠诚消费者的维系起到了正向作用。该品牌需要注重品牌的口碑传播，以及产品品质的监督管控。

第四节　宽城板栗

一、宽城板栗品牌简介

宽城板栗，是中国著名特产，产地是河北省承德市宽城满族自治县。

宽城板栗有"东方珍珠"之美誉，荣获"河北省农业名优产品"称号，营养价值高，含有多种维生素和矿物质。宽城板栗油脂、淀粉含量很高，干板栗的碳水化合物比例达到77%，与粮谷类的碳水化合物比例（75%）相当；鲜板栗也有40%之多，是马铃薯碳水化合物比例的2.4倍。鲜板栗的蛋白质含量为4%～5%。

二、宽城板栗品牌的基础指标与分析

宽城板栗品牌的基础数据，如表9-4所示。

表9-4　宽城板栗品牌的基础数据

指标范围	知名度（%）	认知度（%）	美誉度（%）	忠诚度（%）
全国	36.80	21.65	12.50	11.10
河北省	42.57	27.23	14.85	19.80

宽城板栗品牌的全国知名度为36.80%，在本次品牌调研中处于中等水平，说明全国已有部分消费者对该品牌有一定的认知，形成了良好的消费者知晓基础，有助于品牌的产品推广。另外，品牌全国认知度为21.65%，与品牌全国知名度的比值超过了50%，说明品牌信息的有效传播率较高，消费者能够了解到品牌更全面的信息，且这一比值在河北省内更高，说明省内的消费者对地理标志产品的认知程度更深。板栗作为坚果类农产品，具有地区经营优势。

从品牌美誉度来看，宽城板栗品牌在河北省内的消费者认可度更高，并且品牌忠诚度高于品牌美誉度，说明消费者对品牌的口碑和赞许充分转化为对品牌产品的重复购买行为，影响重复购买决策的因素除品牌之外，还包括价格、购买渠道和促销方案等因素。国内已有知名综合型坚果品牌，若想抢占市场份额，需要品牌具备不易模仿的竞争优势。

综上所述，宽城板栗品牌省内指标略优于全国指标，具有高知名度和高认知度，品牌忠诚者众多，是一个处于成长期且质量优秀的品牌；但需要提高品牌美誉度，以支撑品牌忠诚度的增长，实现品牌指标结构的稳定性，降低品牌经营风险。

第五节　迁西京东板栗

一、迁西京东板栗品牌简介

迁西京东板栗，是河北省特产，中国国家地理标志产品。

中国是栗子的原产国，河北省迁西、兴隆一带种植栗树已有500年以上的历史，所产栗子个大皮薄，质地优良，具有香、甜、糯的独特风味，号称"燕山甘栗"或"京东板栗"，特指北京以东燕山山脉一带出产的板栗，以色泽鲜艳、含糖量高、甘甜芳香和营养丰富在国内外市场久负盛名。迁西京东板栗有很高的营养价值，含有蛋白质、脂肪、淀粉、糖且富含多种维生素，营养成分居中国板栗之首，因此迁西京东板栗素有"干果之王"的美誉。2006年12月31日，国家质量监督检验检疫总局批准对迁西京东板栗实施地理标志产品保护。

二、迁西京东板栗品牌的基础指标与分析

迁西京东板栗品牌的基础数据，如表9-5所示。

表9-5 迁西京东板栗品牌的基础数据

指标范围	知名度（%）	认知度（%）	美誉度（%）	忠诚度（%）
全国	30.80	17.95	10.90	10.70
河北省	33.75	23.75	13.75	13.75

迁西京东板栗品牌的全国知名度为30.80%，在本次品牌调研中处于中等水平，说明全国已有部分消费者对该品牌有一定的认知，形成了一定的消费者知晓基础，为品牌的产品推广奠定了基础。品牌全国认知度为17.95%，与品牌知名度的比值超过50%，说明品牌信息的有效传播率较好，消费者能够了解到品牌更多有用的信息。这一比值在河北省内更高，消费者对省内地理标志产品的认知程度更深。

从品牌美誉度来看，迁西京东板栗品牌相较于全国指标水平，在河北省内的认可度更高。全国和省内的迁西京东板栗品牌忠诚度与品牌美誉度非常接近，消费者对品牌的良好口碑充分转化为重复购买行为，品牌自传播效果良好。

综上所述，迁西京东板栗品牌省内指标略优于全国指标，消费者口碑良好，重复购买率高，是一个处于成长期且发展状况健康的品牌。品牌方仍需在提高品牌知名度方面做出努力，可以通过提高产品和服务的质量等让消费者主动进行品牌推荐和传播。

第六节 绿岭

一、绿岭品牌简介

河北绿岭界业有限公司是一家集优质薄皮核桃品种繁育、种植、研发、深加工和销售为一体的全产业链现代化大型企业。绿岭薄皮核桃种植面积达20万亩（1亩≈0.0667公顷），苗木繁育基地2600余亩。核桃种植方面，公司采用"树、草、牧、沼"四位一体的种养模式，树下养殖柴鸡，采用杀虫灯杀虫，从模式上保证了核桃的绿色生产。绿岭核桃先后通过国家绿色认证、有机认证、欧盟有机认证；在2011年首届中国核桃节上绿岭核桃夺得金奖，绿岭智U核桃乳荣获核桃乳类金奖。

公司制定了薄皮核桃生产的两个地方标准，成功选育出拥有自主知识产权的"绿岭"和"绿早"两个薄皮核桃新品种，多项科研成果达到国际先进水平，先后被国家质量技术监督局、原中华人民共和国国家林业局命名为"早实核桃标准化示范基地"，取得了"核桃青皮脱皮机"等5项专利。

二、绿岭品牌的基础指标与分析

绿岭品牌的基础数据，如表9-6所示。

表9-6 绿岭品牌的基础数据

指标范围	知名度（%）	认知度（%）	美誉度（%）	忠诚度（%）
全国	30.30	23.75	11.10	7.70
河北省	32.39	28.17	15.49	12.68

绿岭品牌的全国知名度为30.30%，已超过品牌知名度的第二个关键点16.13%，此时的品牌表现为半数消费者对品牌有较深的认知，消费者的品牌偏好逐渐形成。品牌全国认知度为23.75%，与品牌全国知名度的比值为78.38%，说明消费者对品牌的认知有效，传播效果充分，绿岭品牌在获得知名度的同时也获得了有效传播。绿岭品牌在河北省内的知名度和认知度比在全国范围内略高，品牌区域性特征不明显。

绿岭品牌的全国美誉度达到了11.10%，消费者的口碑开始显现出明显的正向作用，消费者品牌偏好显著，但消费者对品牌的认知没有形成对品牌的赞许或口碑。分析表9-6中的数据可以发现，不管是在河北省还是全国范围内，绿岭品牌的忠诚度均低于其美誉度，说明品牌口碑没有充分转化为消费者的重复购买行为，消费者重复购买该品牌产品的频率不高。

绿岭品牌的全国指标结构和河北省指标结构相似，该品牌目前处于成长期，拥有较好的消费者认知基础，且品牌发展潜力较大；但消费者认知没有充分向品牌口碑转化，品牌对产品销售的支撑作用没有完全发挥出来，这意味着消费者的购买连续性不足。未来该品牌仍需加大对产品品质的关注，满足消费者多元化的需求，以此提高品牌美誉度。

第七节　亚欧果仁

一、亚欧果仁品牌简介

承德亚欧果仁有限公司于2005年1月正式成立，注册资本6080.77万元，占地200亩（1亩≈0.0667公顷），拥有员工500余人。公司是集山杏、中药材种植、收购、加工、销售、研发于一体的民营企业。以杏仁产品为核心主业，覆盖中药材、活性炭、机械制造、植物提取等产业，下设三大产业链公司。2019年11月19日，凭借"果仁破碎取仁装置"项目获第四届"中国林业产业创新"奖。

二、亚欧果仁品牌的基础指标与分析

亚欧果仁品牌的基础数据，如表9-7所示。

表9-7 亚欧果仁品牌的基础数据

指标范围	知名度（%）	认知度（%）	美誉度（%）	忠诚度（%）
全国	46.70	33.00	15.20	14.00
河北省	38.61	26.73	16.83	15.84

亚欧果仁品牌的全国知名度为46.70%，突破了品牌知名度的第三个关键点37.50%，此时的品牌表现为半数以上的消费者对亚欧果仁品牌非常熟悉，且有深刻的认知，能够辨认其LOGO，并大致描述出品牌内涵或产品风格。在这一阶段，品牌的商标已经具有对消费者选择偏好的影响力，在市场竞争中发挥明显的作用。亚欧果仁的全国认知度达到了全国知名度的70.66%，消费者的认知程度高，品牌获得了极大的有效传播。亚欧果仁品牌的全国知名度和认知度高于河北省内的指标水平，原产地指标无优势，品牌已在全国范围内形成广泛的消费者认知。

亚欧果仁的品牌美誉度明显低于品牌认知度，消费者对品牌内涵的认知未能充分转化为品牌的口碑，出现这种情况有三种可能的原因：一是产品或服务的质量欠佳，消费者没有形成满意的消费体验；二是因为同类其他知名品牌的干扰导致消费者即使对品牌有充分认知也没有进入自传播阶段；三是因为品牌前期进行了大规模的广告宣传，品牌知名度获得了大幅提升，但品牌认知度和品牌美誉度较低。由于坚果行业存在几大知名的市场领先者，结合亚欧果仁品牌美誉度与品牌忠诚度基本接近的状态来看，很大一部分自传播者有重复购买行为，这意味着品牌的质量与服务能够吸引部分忠诚消费者，由此分析，亚欧果仁目前面临的主要困难是其他知名品牌的干扰。建议亚欧果仁品牌进一步提升品牌知名度，开发新产品填补市场空缺，优化消费者的深度体验，进一步提高品牌美誉度，完善品牌口碑，形成消费者自传播发展，提升重复购买率。

综上所述，亚欧果仁品牌的指标结构基本合理，能够对产品营销起到支撑作用。缺陷是品牌美誉度略低，未来可考虑提升产品差异化竞争优势，开拓业务新赛道，以便在激烈的市场竞争中占据一席之地。

第十章
河北药材类品牌个案分析

第一节 安国中药材

一、安国中药材品牌简介

河北省安国中药材专业市场，是全国最大的中药材专业市场之一，十七家定点药市之一，四大药都之一。

安国药业源远流长，安国市古称"祁州"，中药材交易已有千年历史，始于北宋，盛于明清。传统中药材加工技艺精湛，曾以"祁州四绝"名扬天下，赢得了"草到安国方成药，药经祁州始生香"的美誉。安国的东方药城，以药材年产量占全省药材年产量的65%而成为全省乃至全国的中药材种植基地。

特色经济产业化，制药企业规模化，把传统文化与现代科技融为一体的医药产品带着"药都"人民的挚爱走向世界。截至目前，已吸引40多家埠外医药单位、厂家以及国外客商设立了门店或经营部，中药材贸易已辐射全国30个省、市、自治区以及韩国、日本、东南亚等20多个国家和地区。

二、安国中药材品牌的基础指标与分析

安国中药材品牌的基础数据，如表10-1所示。

表10-1 安国中药材品牌的基础数据

指标范围	知名度（%）	认知度（%）	美誉度（%）	忠诚度（%）
全国	19.34	10.26	5.10	4.14
河北省	35.00	19.17	11.67	8.33

安国中药材品牌的全国知名度为19.34%，超过品牌知名度的第二个关键点16.13%，此时半数品牌消费者对该品牌已有较深的认知，对品牌的发展历史、产品种类及价格等较为了解，逐渐形成品牌偏好。该品牌的认知度与知名度的比值为53.05%，这意味着品牌传播效果充分，消费者对品牌形成的认知是有效的。在河北省内，该品牌的知名度和认知度均远高于全国指标水平，可能是因为该品牌销售受地域影响较大，所以品牌仍具有一定的区域性特征。

安国中药材品牌的全国美誉度为5.10%，超过了品牌美誉度的第一个关键点1.62%，消费者的口碑作用开始凸显出来，其品牌忠诚度与品牌美誉度的比值为81.18%，说明消费者对该品牌的口碑充分地转化为重复购买行为；但由于指标偏低，品牌在全国范围内的影响力有限。在河北省内，其品牌美誉度和品牌忠诚度高于全国指标水平，这意味着该品牌在省内有较强的影响力，得到了消费者的认可和赞许。

综合分析，安国中药材品牌的省内指标优于全国指标水平，相比而言全国范围的品牌美誉度和品牌忠诚度偏低。未来该品牌仍需注意在全国范围内的品牌推广，注重对产品质量的把控，提高品牌在全国的影响力。

第二节　滦平中药材

一、滦平中药材品牌简介

滦平县气候冷凉，昼夜温差大，大河成网，土地为富硒土壤，是华北地区多种动植物资源的天然宝库。境内野生中药资源达600余种，所产药材有效成分高、品质好，境内多种中药材大量分布，其中滦平黄芩最负盛名，畅销海内外。

依托道地药材和燕山中药谷四时美景，承德市滦平县大力发展现代农业。中药材种植总面积达到12.744万亩（1亩≈0.0667公顷），年产鲜品药材3万吨，产值达3.7亿元。承德道地药材"热河黄芩"备受推崇。"滦平中药材"连续两年被评为河北省名优农产品区域公用品牌；"滦平黄芩"获批农产品地理标志证明商标。

二、滦平中药材品牌的基础指标与分析

滦平中药材品牌的基础数据，如表10-2所示。

表10-2 滦平中药材品牌的基础数据

指标范围	知名度（%）	认知度（%）	美誉度（%）	忠诚度（%）
全国	18.19	9.48	5.45	2.40
河北省	20.00	12.50	6.67	3.33

滦平中药材品牌的全国知名度为18.19%，超过了品牌知名度的第二个关键点16.13%，出现了大范围的消费者认知，消费者不仅可以识别品牌的包装、LOGO等，对产品品类、品牌内涵等也有较深的认知。品牌认知度达到了品牌知名度的52.12%，超过了品牌知名度的50%，意味着品牌传播效果充分。该品牌在河北省内的知名度和认知度均高于全国指标水平，意味着该品牌仍具有一定的区域性品牌特征，其目标消费者市场更多分布在河北省内。

从表10-2中的基础数据可知，无论是在全国范围还是河北省内，消费者对滦平中药材品牌的正确认知都未能充分转化为对品牌的良好口碑，消费者偏好不显著，且未使消费者形成重复购买的习惯。由于该行业的强专业性，消费者在药材的选材上缺乏相关知识和信息，不同消费群体或者个人对中药材的认知和需求存在差异，品牌的自传播能力受限，进而影响了消费者的购买行为。鉴于此，品牌需要加大广告宣传力

度，多向消费者介绍品牌产品相关信息，形成消费者有效认知。

综上所述，滦平中药材品牌拥有较好的消费者认知基础，但品牌美誉度和品牌忠诚度整体偏低，品牌发展处于成长早期，具有良好的成长性。未来该品牌仍需提高品牌建设力度，注重消费者口碑传播。

第三节　巨鹿金银花

一、巨鹿金银花品牌简介

巨鹿金银花，又叫"银花""双花""二宝花"等，为忍冬科多年生半常绿缠绕灌木，叶对生，卵形，有柔毛；花冠唇形，对生于叶腋，初白后黄，黄白相间，故名"金银花"。"巨鹿金银花"与"巨鹿银花"为同一产品。

2019年11月，巨鹿金银花入选中国农业品牌目录2019农产品区域公用品牌。2020年2月26日，河北省巨鹿县巨鹿金银花中国特色农产品优势区被认定为第三批中国特色农产品优势区。巨鹿县地处河北省南部黑龙港流域，是华北平原腹地，面积630平方千米，人口达38万，耕地64万亩（1亩≈0.0667公顷），属国家级生态示范县。这里气候四季分明，光照充足，沙质碱性土质，非常适宜金银花的种植与生长。

二、巨鹿金银花品牌的基础指标与分析

巨鹿金银花品牌的基础数据，如表10-3所示。

表10-3　巨鹿金银花品牌的基础数据

指标范围	知名度（%）	认知度（%）	美誉度（%）	忠诚度（%）
全国	45.10	24.35	13.00	9.80
河北省	50.60	28.92	26.51	18.07

巨鹿金银花品牌的全国知名度为45.10%，与河北省内的品牌知名度差距不大，所以具有良好的消费者知晓基础，且能够对品牌的原产地、产品特性和产品价值等有较高的认知，这可能与农产品在网络销售平台上的传播有关。从表10-3中可以看到，全国和河北省内品牌认知度均达到品牌知名度的50%以上，对品牌的正向传播有促进作用。

巨鹿金银花品牌的省内美誉度为26.51%，接近但低于其省内认知度，这种情况下，消费者对品牌的认知几乎完全转化为对品牌的赞许，且品牌省内美誉度已经接近品牌美誉度的第二个关键点27.91%，目标消费者形成重复购买的集体偏好，品牌口碑溢出效应明显。品牌全国美誉度远低于省内美誉度，并未达到较高水平。

品牌全国忠诚度为9.80%，拥有部分重复购买率高的忠诚消费者，而品牌省内忠诚度高于全国忠诚度，但仍低于品牌美誉度，说明品牌自传播能力无法充分向重复购买行为转移，厂商虽然为获得品牌口碑做出了努力，但无法在营销中获得同等的收益。

综上所述，巨鹿金银花品牌的指标结构比较稳定，具有高品牌知名度和高品牌认知度，消费者口碑良好且重复购买率高，是一个处于成长期、发展状况良好的品牌。

第四节　青龙北苍术

一、青龙北苍术品牌简介

北苍术为菊科多年生草本植物，以根状茎入药。其根入药叫作"苍术"，为常用中药，性温，味辛、苦。由于青龙特有的气候、土壤等因素，所产北苍术"朱砂点密，香气浓郁"，北苍术根、北苍术籽道地质优，是北苍术中的上品，吸引了很多内蒙古、东北、安国等外地客商来收购。

青龙北苍术种植主要在木头凳、干沟、龙王庙、娄杖子等乡镇。北苍术种植后三年出土，年均亩产值6000~8000元，具有较高的经济效益。

经承德医学院中药研究所测定，青龙所产北苍术的苍术素含量平均为0.3529%，超过《中华人民共和国药典（2015年版）》0.3%的标准。

二、青龙北苍术品牌的基础指标与分析

青龙北苍术品牌的基础数据，如表10-4所示。

表10-4 青龙北苍术品牌的基础数据

指标范围	知名度（%）	认知度（%）	美誉度（%）	忠诚度（%）
全国	8.98	5.28	3.86	1.36
河北省	4.92	1.64	3.28	0.00

青龙北苍术品牌的全国知名度高于河北省内知名度，但均处于较低水平，作为中药材，很多消费者对北苍术较为熟悉，其药用价值较高，但对于某一产地的北苍术了解程度相对较浅。可能原因有以下几点：一是在划定的阈值范围内，此阶段的消费者对该品牌的认知大多来自自己对产品本身的了解或是亲朋好友的介绍；二是消费者基本上都是通过药店购买中药材，而不是从产地直接购买，多数情况下并不会特意了解中药材的产地；三是从数值上来看，该品牌并未做过大量的产品宣传，依赖于消费者自传播，传播速度和传播范围都非常有限。

从品牌美誉度和品牌忠诚度上来看，消费者对品牌的认可度偏低，这也与品牌的低知名度和低认知度有关。根据该品牌产品的特征，表10-4中的数据虽然偏低，但并不表示该品牌发展状态不好，而可能的原因就是该品牌并不直接面向消费者销售，接触到的更多是来自药品企

业的采购人员，属于少数群体。在本次调研中，该类群体人数可能偏少，由于目标消费者定位不广泛，故该品牌在数据上处于偏低水平。

青龙北苍术品牌应该加大宣传力度，中药材作为中华民族优秀的传统文化，应该让更多的消费者认识到中药材的功效，通过增加中药材在药品行业中的份额，增加北苍术的占比。青龙北苍术的产地具有独特的地理优势，可作为该品牌的宣传亮点，从而形成差异化，在消费者之间产生良好的宣传效果。

第十一章
河北粮食类品牌个案分析

第一节 武安小米

一、武安小米品牌简介

武安小米，是河北省武安市特产，中国国家地理标志产品。

武安小米营养价值极高，蛋白质含量为9.2%~14.3%，高于大米和玉米；粗脂肪含量为3.0%~4.6%，略低于面粉；色氨酸、蛋氨酸的含量很高，每千克小米中含色氨酸192毫克、蛋氨酸297毫克。

2007年，武安市农牧局陆续从科研院所引进11个优质谷子新品种；2010年12月，国家质量监督检验检疫总局批准对武安小米实施地理标志产品保护。武安小米色泽微黄，粒小，糊锅易烂，入口绵甜糯香，并含有丰富的维生素。截至2015年年底，武安谷子种植面积达30万亩（1亩≈0.0667公顷）左右，年加工小米3万吨，年产值超过7亿元，种谷子的农户达10万多户，谷子远销到北京、天津、河南、山东、湖南等地。

二、武安小米品牌的基础指标与分析

武安小米品牌的基础数据，如表11-1所示。

表11-1 武安小米品牌的基础数据

指标范围	知名度（%）	认知度（%）	美誉度（%）	忠诚度（%）
全国	35.28	18.17	11.69	9.88
河北省	36.67	18.33	13.33	16.67

武安小米品牌的全国知名度为35.28%，接近品牌知名度的第三个

关键点37.50%，意味着半数以上的消费者对该品牌有较深的认知，对武安小米的价格、包装风格、品牌LOGO等较为了解，产生了明显的消费者区隔。品牌认知度与品牌知名度的比值为51.50%，意味着该品牌传播效果充分，传播渠道符合目标消费者的偏好，传播内容也能够被目标消费者有效认知。其在河北省内的品牌知名度与品牌认知度指标与全国指标水平接近，可以看出该品牌逐渐褪去了区域性品牌特征，正在朝着全国性品牌方向发展。

武安小米品牌的全国美誉度为11.69%，突破了品牌美誉度的第一个关键点1.62%后，消费者的口碑作用开始凸显出来，消费者偏好越来越明显。品牌忠诚度与品牌美誉度的比值为84.52%，这意味着消费者对品牌的口碑较好地转化为重复购买行为。在河北省内，其品牌美誉度和品牌忠诚度指标均高于全国指标水平，由于该品牌属于区域农产品，这种情况也属于正常现象。

综合分析，武安小米品牌的指标结构合理，全国指标结构接近但未达到次优结构，该品牌仍需不断提高品牌知名度，扩大品牌在全国范围内的影响力。另外，无论是从全国还是河北省来看，该品牌的美誉度相对偏低，企业仍需注重品牌口碑，重视消费者体验。

第二节　黄骅旱碱麦

一、黄骅旱碱麦品牌简介

旱碱麦是抗干旱耐盐碱的小麦品种。黄骅市位于河北省东南部，东临渤海，这里冬春干旱少雨，土壤盐碱化程度高，适宜旱碱麦生长。

黄骅旱碱麦的品质十分独特，籽粒饱满，光泽透明，富含钙、钾、铁、锌等多种微量元素，蛋白质含量在13%~16%（国家标准为12.2%）。

黄骅旱碱麦种植历史悠久。据《黄骅县志》记载，旱碱麦种植在黄骅已有2600余年的历史。原始品种以"小红芒"等为主，亩产仅有50千克。近几十年来，经过当地农技人员反复选种与改良，旱碱麦产量逐年提高。目前主要种植捷麦19、沧麦6002、沧麦6005、小偃60和小偃155等耐盐碱、抗病性强的小麦品种，正常年景亩产量保持在214千克上下。2022年捷麦19入选河北省农业农村厅"绿色健康、节水降耗、提质增效、生态环保、高效利用"小麦主导品种，黄骅旱碱麦加工产品包括面粉、面花、挂面等，年加工产值约14.4亿元，其中，重点加工企业实现年销售额5.47亿元。

2023年沧州渤海新区黄骅市旱碱麦种植面积发展到60余万亩（1亩≈0.0667公顷），预计亩产收割达到240千克以上，目前旱碱麦产业链企业达1100家。

二、黄骅旱碱麦品牌的基础指标与分析

黄骅旱碱麦品牌的基础数据，如表11-2所示。

表11-2 黄骅旱碱麦品牌的基础数据

指标范围	知名度（%）	认知度（%）	美誉度（%）	忠诚度（%）
全国	15.86	5.70	5.88	3.53
河北省	21.15	8.65	13.46	7.69

黄骅旱碱麦品牌的全国知名度为15.86%，品牌开始对营销发挥一定的作用，显然品牌为获取知名度做出了一定的努力，但缺乏消费者知晓基础，知晓范围并不广。品牌全国认知度是5.70%，与品牌全国知名度差异较大，这可能是因为品牌推广渠道或者推广内容存在消费者认知障碍。

黄骅旱碱麦品牌的全国美誉度达到了5.88%，略高于品牌全国认知度，二者比例关系良好。黄骅旱碱麦品牌的全国忠诚度是3.53%，说明

品牌拥有了一部分忠实客户，部分消费者开始形成明显的品牌偏好。品牌在河北省内的指标均优于全国指标水平，尤其是品牌省内美誉度远高于品牌省内认知度，说明该品牌的美誉度来自消费者认知度支撑的部分较少，消费者对产品或服务的深度体验形成的赞誉不足，品牌美誉度更多的是通过其他营销途径获得。没有充分品牌认知度支撑的品牌美誉度是不稳定的，极易流失，可能会危害品牌的结构稳定性。品牌口碑向实际购买行为的转化不充分，仅有部分消费者转化成了品牌的忠实消费者，产生多次购买行为。

综上所述，黄骅旱碱麦品牌的区域性特征还比较明显，是一个处于成长期的品牌。需要注意的是，品牌的认知度有待提高，未来品牌需要加强公共关系活动，或者采取直播等方式来提高品牌认知度，为品牌长期稳定发展打造坚实的基础。

第三节　张北莜麦

一、张北莜麦品牌简介

张北莜麦，是河北省张家口市张北县特产，全国农产品地理标志。

张北莜麦籽粒饱满、大小均匀，富有光泽；籽粒多为纺锤形，有腹沟，表面有茸毛；籽粒长8毫米左右，千粒重25克左右；面粉粉质细腻，麦香浓郁。2020年4月30日，中华人民共和国农业农村部批准对张北莜麦实施中国国家农产品地理标志登记保护。

二、张北莜麦品牌的基础指标与分析

张北莜麦品牌的基础数据，如表11-3所示。

表11-3 张北莜麦品牌的基础数据

指标范围	知名度（%）	认知度（%）	美誉度（%）	忠诚度（%）
全国	30.60	19.80	10.50	8.60
河北省	38.46	26.37	14.29	15.38

张北莜麦品牌的全国知名度为30.60%，仅超过品牌知名度的第二个关键点16.13%，品牌表现出对营销的促进作用。该品牌河北省内的知名度为38.46%，略高于全国指标水平，张北莜麦品牌作为地理标志产品，在河北省内获得了更多消费者的知晓，并且从品牌认知度来看，大部分消费者对品牌的认知程度较深，对品牌的原产地、产品特征及包装等信息都做了深入了解。

从品牌美誉度来看，消费者对品牌的认知并未充分转化为对品牌的赞许，虽然全国和河北省内的品牌美誉度都超过了品牌美誉度的第一个关键点1.62%，消费者口碑作用有所凸显，可能发生品牌自传播现象；但由于品牌的知名度和认知度本身并不高，这种自传播发生的概率仍偏低。

从品牌全国忠诚度可知，受品牌美誉度影响，消费者对品牌的重复购买率并不高；而在河北省内品牌忠诚度要略高于品牌美誉度，这是一种良好的品牌状况。在已有品牌知名度和品牌认知度的基础上，有品牌美誉度支撑，品牌忠诚度达到了最优状态，消费者对品牌的偏好程度更高。

综上所述，张北莜麦品牌的省内指标结构略优于全国指标结构，消费者对品牌有较高的赞许，促进了消费者偏好的形成，进而提升了消费者重复购买发生的概率。从品牌基础指标上来看，该品牌是一个处于成长期发展状态稳定的高知名度、高认知度品牌，地域性品牌特征尚不显著，有条件发展为全国知名的莜麦品牌。

第四节 隆化大米

一、隆化大米品牌简介

隆化大米,是河北省隆化县特产,中国国家地理标志产品。

隆化大米曾被誉为"御稻米",中华人民共和国国务院向全国推广隆化水稻旱育稀植技术。隆化大米胶稠度高,直链淀粉含量适中,垩白率低,米粒呈椭圆形,晶莹剔透,米饭绵软可口,香气浓郁,冷饭不易回生。

2013年12月30日,国家质量监督检验检疫总局批准对隆化大米实施地理标志产品保护。

二、隆化大米品牌的基础指标与分析

隆化大米品牌的基础数据,如表11-4所示。

表11-4 隆化大米品牌的基础数据

指标范围	知名度(%)	认知度(%)	美誉度(%)	忠诚度(%)
全国	35.00	21.10	11.80	11.40
河北省	27.06	14.71	14.12	10.59

隆化大米品牌的河北省内知名度为27.06%,未达到品牌知名度的第三个关键点37.50%,但品牌此时已具有一定的消费者知晓基础,相对于异质异价的同类产品,消费者对该品牌产品表现出明显的购买意愿,形成品牌偏好,对品牌营销会产生一定的促进作用。品牌省内认知度为14.71%,达到了省内知名度的50%以上,品牌信息传播效果较好;

但品牌的全国知名度高于省内知名度，说明品牌在省外的经营策略更有效或消费者传播更广泛。

隆化大米品牌的省内美誉度为14.12%，超过了品牌美誉度的第一个关键点1.62%，突破这一关键点后，消费者口碑作用开始凸显出来，消费者品牌偏好明显，有可能出现品牌自传播现象。品牌河北省内忠诚度为10.59%，消费者对品牌的口碑较充分地转化为对品牌产品的重复购买。品牌的全国美誉度略低于省内美誉度，说明消费者在购买和食用该品牌的大米后未形成满意的消费体验，也未将该品牌作为购买的首要选择之一。

综上所述，隆化大米品牌的省内知名度和认知度偏低，未达到良好的传播效果，全国指标要优于省内指标，需要加大对品牌特性、优点的宣传，提升消费者体验，实现指标的同步增长。该品牌是一个具有良好发展潜力且处于成长期的品牌。

第五节　蔚州贡米

一、蔚州贡米品牌简介

蔚州贡米，是河北省张家口市蔚县特产，中国国家地理标志产品。

蔚州贡米又名"蔚州小米"，含有多种营养物质，如蛋白质、脂肪、碳水化合物、钙、磷、铁、锌、维生素等。与普通大米相比，蔚州贡米的蛋白质含量高1.5倍，脂肪含量高6倍，维生素B1含量高1.5倍，粗纤维含量高6倍，并含有丰富的氨基酸等人体必需的物质，是产妇、老、弱、婴幼儿的滋养佳品。

蔚州贡米种植历史悠久，据《蔚州志》记载，早在700年前，蔚县的黄小米就成为贡品而享誉京城，被列为"四大贡米"之一；清朝时期，蔚县的黄小米进贡宫廷，被称为"贡米"。2008年，蔚州贡米荣获"河北省优质产品"称号；2009年，蔚县谷子种植面积达到25万亩（1亩≈0.0667公顷），年产量6万多吨，年产值2.2亿元；2010年12月15日，国家质量监督检验检疫总局批准对蔚州贡米实施地理标志产品保护；2011年，蔚州贡米获"2011消费者最喜爱的中国农产品区域公用品牌"第七名；2017年，蔚县谷子种植面积达到18万亩。

二、蔚州贡米品牌的基础指标与分析

蔚州贡米品牌的基础数据，如表11-5所示。

表11-5　蔚州贡米品牌的基础数据

指标范围	知名度（%）	认知度（%）	美誉度（%）	忠诚度（%）
全国	23.31	10.95	8.50	5.66
河北省	21.67	9.17	13.33	16.67

蔚州贡米品牌的全国知名度是23.31%，略高于在河北省内的知名度，可以看出蔚州贡米不具有显著的区域性品牌特征。品牌知名度已经突破了品牌知名度的第二个关键点16.13%，此时品牌开始出现大范围的消费者认知，具有了良好的消费者知晓基础。从品牌认知度与品牌知名度的比值来看，二者比值小于50%，并未达到最理想状态，消费者对品牌及产品的具体信息了解得不深入。

由表11-5中的数据可知，蔚州贡米品牌在市场上获得了不错的口碑，并拥有一批忠诚消费者。尤其是在河北省内，蔚州贡米的品牌美誉度高于品牌认知度，虽然消费者对品牌的信息并不十分了解，但是在体验过产品后形成了较高的满意度，进而形成了口碑效应，对蔚州贡米品牌的产品销售起到了极大的促进作用。品牌在河北省内获得了极高的忠诚度，消费者的品牌偏好十分明显。

综上所述，蔚州贡米品牌在河北省内的品牌结构良好，品牌知名度、品牌认知度、品牌美誉度为产品的销售奠定了良好的基础。该品牌目前成长状态良好，未来品牌方需要多开展公共关系等活动，提高消费者对品牌的了解程度，进而提高品牌影响力。

第六节 柏各庄大米

一、柏各庄大米品牌简介

柏各庄大米，是河北省唐山市曹妃甸区特产，中国国家地理标志产品。

柏各庄大米带壳果实大而圆润，果尖呈鸡嘴形；果壳表面麻眼明显而且光滑，呈白色，无黑点现象；果仁呈粉红色或浅粉色；果肉为象牙色。生食入口软糯，香而不腻。截至2017年年底，曹妃甸区水稻种植面积32万余亩（1亩≈0.0667公顷），年产量20多万吨。

2016年7月，国家质量监督检验检疫总局批准对柏各庄大米实施地理标志产品保护。

二、柏各庄大米品牌的基础指标与分析

柏各庄大米品牌的基础数据，如表11-6所示。

表11-6 柏各庄大米品牌的基础数据

指标范围	知名度（%）	认知度（%）	美誉度（%）	忠诚度（%）
全国	11.59	6.36	4.03	4.16
河北省	17.86	9.82	5.36	7.14

柏各庄大米品牌在全国的知名度为11.59%，可以看出企业为获取

知名度做出了努力，品牌开始对产品营销发挥一定的作用。品牌在河北省内的知名度相对更高，河北省内和全国的品牌认知度与品牌知名度的比值均达到了50%以上，这说明消费者对该品牌具有较深的认知，品牌的区域性特征并不明显；但品牌基础指标数据整体偏低，说明品牌的推广渠道选择不恰当或推广内容设计不合理。

柏各庄大米品牌的美誉度全部来自消费者认知，部分消费者在体验了品牌的产品之后感到满意，与品牌认知度相比偏低，但比值合理。从该品牌的全国和省内忠诚度来看，品牌忠诚度均高于品牌美誉度，说明品牌不仅拥有忠诚消费者，且几乎全部来自对品牌感到满意的消费者。品牌对消费者购买行为产生较大影响，且在河北省内的影响力更大，说明省内的消费者对品牌的认可度更高。

粮食作为消费者餐桌上的必备食材，受到各地饮食文化和饮食习惯的影响，故当地消费者不易对其他地区的粮食品牌产生认可，更不易产生连续购买行为。品牌需要进行市场调研，了解目标消费者或消费地区的特征，培养消费者的消费偏好或习惯，扩大品牌影响力。

第七节　藁城宫面

一、藁城宫面品牌简介

藁城宫面，是河北省石家庄市藁城区特产，中国国家地理标志产品。

藁城宫面是以精粉、精油、精盐为原料，经独特工艺而制成，条细空心，油亮洁白，粗细均匀整齐。煮熟后挑入碗中，半汤半面，汤清味佳，既可作主食，又可佐餐。因其系手工制作，故耐火而不糟，回锅而不烂，食用简便，富有营养。2017年11月，国家质量监督检验检疫总局批准对藁城宫面实施地理标志产品保护。

二、藁城宫面品牌的基础指标与分析

藁城宫面品牌的基础数据，如表11-7所示。

表11-7 藁城宫面品牌的基础数据

指标范围	知名度（%）	认知度（%）	美誉度（%）	忠诚度（%）
全国	33.10	12.05	10.50	8.30
河北省	41.25	10.00	18.75	18.75

藁城宫面品牌的全国知名度为33.10%，在本次品牌调研中处于中等偏上水平，说明该品牌在全国已形成良好的消费者知晓基础，品牌区域性特征不明显。品牌全国认知度为12.05%，与品牌全国知名度的比值不高，说明品牌信息的有效传播率不高，消费者未能了解到品牌更多有用的知识；但这一比值在河北省内更低，消费者对省内地理标志产品的认知程度远远不足。

藁城宫面品牌的省内美誉度高于省内认知度，这种情况的发生可能是由于现代媒体对消费者的影响是巨大的，消费者之间的口碑传播可能出现在没有品牌体验的前提下，因而就发生了次级自传播现象。从品牌结构来看，没有充分认知的品牌美誉度并不稳定，极容易流失，造成品牌结构的大幅变化，危害品牌结构稳定；但从河北省内忠诚度来看，消费者对品牌的赞许充分转化为了对品牌产品的重复购买，印证了藁城宫面的品质优良、口味纯正。

综上所述，藁城宫面品牌省内指标结构近似最优结构，但需要注意对品牌认知度的提升，使品牌结构达到稳定状态，降低品牌潜在的不良竞争风险。该品牌正处于成长期。

第八节 五得利

一、五得利品牌简介

五得利面粉集团有限公司创建于1989年，是一家专业化生产面粉的民营企业。经过三十余年的不懈努力和实践，公司从一个日处理小麦能力15吨的作坊式小厂，发展成目前拥有六省十八地18家面粉子公司、1家天麦然挂面子公司、42个大型制粉车间、141条现代化面粉生产线，日处理小麦能力达8万吨，员工6200多名的大型制粉企业。

二、五得利品牌的基础指标与分析

五得利品牌的基础数据，如表11-8所示。

表11-8 五得利品牌的基础数据

指标范围	知名度（%）	认知度（%）	美誉度（%）	忠诚度（%）
全国	57.70	43.00	21.30	23.00
河北省	67.12	50.68	28.77	38.36

五得利品牌的全国知名度为57.70%，突破了品牌知名度的第三个关键点37.50%，此时的品牌表现为半数以上的消费者表示对该品牌非常熟悉，能够辨识品牌LOGO，对品牌的内涵有一定的认识，在购买同类面粉产品时会表现出对该品牌的偏好。该品牌的全国认知度占全国知名度的74.52%，说明该品牌具有有效传播的途径或者容易被消费者认知的内容，品牌传播效果非常好。从表11-8中的基础数据来看，河北省内的品牌知名度和品牌认知度均高于全国指标水平，说明该品牌仍具

有一定的区域性品牌特征。

五得利品牌的全国美誉度为21.30%，全国忠诚度略高于全国美誉度，这是极好的情况，意味着该品牌的自传播能力有溢出，相当部分的口碑自传播消费者有重复购买的行为，这使得品牌知名度、品牌认知度和品牌美誉度三项指标形成的品牌指标结构能够在营销中充分发挥作用。对比表11-8中的各项基础数据，河北省内的品牌美誉度和品牌忠诚度均高于全国指标水平，说明其在河北省内得到绝大多数目标消费者的认可和赞赏。

综上所述，五得利品牌的全国和省内指标结构相似，存在品牌美誉度较低的问题，高品牌认知度并未充分转化为高品牌美誉度，也出现了低品牌美誉度、高品牌忠诚度的现象，这意味着消费者对该品牌的忠诚度可能不是完全来自品牌本身，还受到价格和促销等其他因素影响。未来该品牌需注重通过公共关系类活动来提升品牌美誉度。

第九节　金沙河

一、金沙河品牌简介

河北金沙河面业集团有限责任公司（以下简称"金沙河集团"）建于1971年，公司地处河北省邢台市，是国家优质小麦生产基地。公司主要从事小麦粉、挂面加工，主要产品有小麦粉、挂面、面片及副产品。金沙河集团相继通过ISO 9001质量管理体系认证、ISO 14001环境管理体系认证、HACCP（危害分析及关键控制点）食品安全管理体系认证，2010年被中华人民共和国农业部评定为"农业产业化国家重点龙头企业"。经中国粮食行业协会专项调查被评为"2021年挂面加工企业10强""小麦粉加工企业50强"。

二、金沙河品牌的基础指标与分析

金沙河品牌的基础数据，如表11-9所示。

表11-9　金沙河品牌的基础数据

指标范围	知名度（%）	认知度（%）	美誉度（%）	忠诚度（%）
全国	59.80	38.15	21.20	25.20
河北省	78.08	50.00	41.10	42.47

金沙河品牌的全国知名度为59.80%，超过了品牌知名度的第三个关键点37.50%，此时的品牌表现为半数以上的消费者表示对该品牌非常熟悉，对该品牌的LOGO以及主营产品面粉、挂面等信息的知晓程度较深，产生了明显的消费者区隔。该品牌全国认知度占全国知名度的63.80%，这意味着该品牌在传播过程中具有易被消费者认知的传播内容，且传播效果充分。在河北省内，其品牌知名度和品牌认知度均高于全国指标水平，说明该品牌更受河北省内目标消费者的关注，营销策略实施更加有效，区域性品牌特征仍有所保留。

金沙河品牌的全国美誉度为21.20%，其全国忠诚度略高于全国美誉度，对比河北省内的基础数据也是如此，品牌结构较为稳定，品牌的抗风险能力强，消费者接受品牌传播的内容的效率高，品牌发展质量优良。

综上所述，金沙河品牌的全国和省内指标结构相似，接近最优结构，该品牌处于成熟期，是一个具有较好的消费者认知基础和较强抗风险能力的全国性品牌；但品牌全国范围内的美誉度较低，高品牌认知度并未充分转化为品牌美誉度，由此可能造成一定的品牌危机，限制品牌的发展。未来该品牌仍需注重消费者体验，通过公共关系类活动提高品牌认知度，促使其向品牌美誉度转化。

第十节 利珠粮油

一、利珠粮油品牌简介

廊坊利珠粮油食品有限公司于2005年11月16日在河北省廊坊市文安县工商行政管理局登记成立。公司经营范围包括芝麻、豆类购销等。2021年12月22日,利珠粮油被认定为第七批农业产业化国家重点龙头企业。企业性质为有限责任公司,公司注册资金500万元。公司生产基地位于文安县黄甫农场食品工业园,占地80亩(1亩≈0.0667公顷)。公司以芝麻购销及深加工为主营业务,主导产品有小磨香油、芝麻酱、精选芝麻等系列产品。公司产品内销北京二商王致和食品有限公司、北京稻香村食品有限责任公司等,并且远销美国、澳大利亚、韩国等。

二、利珠粮油品牌的基础指标与分析

利珠粮油品牌的基础数据,如表11-10所示。

表11-10 利珠粮油品牌的基础数据

指标范围	知名度(%)	认知度(%)	美誉度(%)	忠诚度(%)
全国	34.50	21.95	10.90	9.20
河北省	23.76	14.85	10.89	10.89

利珠粮油品牌的全国知名度为34.50%,突破了品牌知名度的第二个关键点16.13%,出现了大范围的消费者认知,消费者对利珠粮油品牌产品的品类、价格、包装及LOGO等信息都有了较深的认知,拥有了良好的消费者认知基础。利珠粮油品牌的全国认知度达到了全国知名度

的63.62%，消费者的认知程度较高，品牌获得了有效传播。利珠粮油品牌的全国知名度和全国认知度均高于河北省内的指标水平，这可能是因为品牌在全国范围内的销售渠道广，品牌信息传播效率高。

利珠粮油品牌的全国美誉度和全国忠诚度相对较低，消费者对利珠粮油品牌的正确认知没有充分转化为对品牌的自传播和重复购买行为，但品牌美誉度与品牌忠诚度接近，意味着相当一部分的自传播者有重复购买行为。虽然利珠粮油品牌的推广重点不在河北省，但其产地优势依旧存在，体现在河北省内的品牌美誉度和品牌忠诚度相对较高，且品牌美誉度与品牌忠诚度相等，这是因为河北省内相当一部分的自传播者有重复购买行为，品牌在河北省内营销作用显著。

综上所述，表11-10中利珠粮油品牌的全国和河北省内指标结构有所差异，品牌全国指标数据依次下降，河北省指标结构良好。各项指标的比例关系基本合理，未来可以通过产品品质管理、打造差异化竞争优势等措施提高消费者对品牌的认可。

第十一节　喜和圣

一、喜和圣品牌简介

河北喜和圣面业有限公司于2013年9月24日在宁晋县工商行政管理局登记成立。公司经营范围包括小麦粉的生产、销售（依法须经批准的项目，经相关部门批准后方可开展经营活动）等。2021年12月22日，公司被认定为第七批农业产业化国家重点龙头企业。

二、喜和圣品牌的基础指标与分析

喜和圣品牌的基础数据，如表11-11所示。

表11-11 喜和圣品牌的基础数据

指标范围	知名度（%）	认知度（%）	美誉度（%）	忠诚度（%）
全国	28.00	18.00	9.00	6.90
河北省	25.81	20.16	11.29	11.29

喜和圣品牌的全国知名度为28.00%，超过了品牌知名度的第二个关键点16.13%，出现了大范围的消费者认知，消费者对品牌产品的品类、价格、包装及品牌LOGO等信息都有了较深的认知，此时品牌拥有了良好的消费者认知基础。品牌全国认知度达到了品牌全国知名度的64.29%，消费者的认知程度高，品牌获得了极高的有效传播率。

喜和圣品牌的全国美誉度和全国忠诚度相对偏低，且品牌忠诚度低于品牌美誉度。从表11-11中的基础数据对比可知，无论是在全国范围内还是河北省内，品牌美誉度均显著低于品牌认知度。面粉具有大众特性，在这种情况下，喜和圣品牌的全国知名度高于河北省知名度，而河北省内的品牌认知度、品牌美誉度和品牌忠诚度高于全国指标水平，意味着河北省内消费者对品牌的认可度更高，并产生了良好的自传播能力和重复消费行为。

综上所述，喜和圣的品牌结构较为理想，各指标之间的比例关系基本协调。其中品牌信息传播效果比较突出，但品牌的美誉度稍低，未来应当注重提升消费者对品牌的口碑传播，充分发挥品牌的自传播效应。

第十二节 三河汇福

一、三河汇福品牌简介

三河汇福粮油集团有限公司（以下简称"汇福粮油集团"）始建于1999年10月，位于河北省三河市燕郊开发区汇福路8号，是以大豆加工为主的综合性企业集团，是国家农业产业化重点龙头企业，主要产品为汇福食用油、汇福豆粕。公司业务涉及粮油加工、国际贸易、物流运输及商务酒店等板块。目前汇福粮油集团拥有河北燕郊、江苏泰州、辽宁盘锦三个加工基地，总加工能力达到1000万吨。

自2005年以来，汇福粮油集团连年入围"中国企业500强""中国制造企业500强""中国食品工业十强企业"，2008年以来，连续被评为"河北省轻工业企业排头兵"；2017年以来，连续列入全国进出口贸易500强，2018年位列第218名、河北省第二名。先后获得"全国文明单位""全国双爱双评先进企业""全国五一劳动奖状""全国工人先锋号""全国模范职工之家""全国厂务公开民主管理先进企业""全国轻工行业先进集体""中国诚信企业"等荣誉称号。

二、三河汇福品牌的基础指标与分析

三河汇福品牌的基础数据，如表11-12所示。

表11-12　三河汇福品牌的基础数据

指标范围	知名度（%）	认知度（%）	美誉度（%）	忠诚度（%）
全国	16.91	10.91	4.07	4.59
河北省	12.12	8.33	7.58	7.58

三河汇福品牌在全国的认知优于在河北省内的认知，该品牌并不具有显著的区域性特征。三河汇福品牌在全国的知名度为16.91%，在河北省内的知名度为12.12%，品牌认知度均达到了品牌知名度的50%以上，说明部分消费者对该品牌已经形成了较深的认知，对品牌的产品、产地和价格等信息都有了一定的了解，且可能形成了消费者购买偏好，在面对异质异价的同类产品时会将该品牌作为优先选项，即品牌会对消费者购买决策产生影响。

三河汇福品牌在河北省内的美誉度和忠诚度均高于全国指标水平，说明品牌在河北省内的消费者认可度更高，更容易被接受。从表11-12中的数据可以看出，消费者对品牌的重复购买大部分来源于在体验了品牌产品之后形成的满意，且品牌在全国的忠诚度略高于其美誉度，说明品牌的性价比高，吸引了消费者购买，并形成了购买习惯。

我国粮油品牌众多，三河汇福品牌面临的情况是，虽然该品牌产品品质优良，性价比显著高于行业平均水平，但由于各地区消费者的饮食习惯不同，对粮油的接受度也具有明显差异，所以导致品牌在一些地区的认可度偏低。从资料中可知，三河汇福品牌具有较大的经营规模，产品具有竞争优势，故具备良好的行业竞争力。根据上述情况，三河汇福品牌应该做出调研，寻找目标消费者特征，采取针对性的宣传和销售策略，促进消费者购买意愿的产生，进而提升品牌的重复购买率。

第十三节　骊骅淀粉

一、骊骅淀粉品牌简介

"骊骅"牌玉米淀粉荣获"中国名牌产品"称号，"骊骅"商标荣获中国驰名商标。秦皇岛骊骅淀粉股份有限公司（以下简称"骊骅公司"）

是中国领先的玉米深加工企业，产品覆盖玉米淀粉、一水葡萄糖、山梨醇、麦芽糊精、玉米蛋白饲料等以玉米为原料的产品。骊骅公司年处理玉米100万吨，主要产品信息如下：玉米淀粉70万吨/年，一水葡萄糖22万吨/年，液体山梨醇10万吨/年，麦芽糊精10万吨/年，玉米蛋白粉5万吨/年，以及玉米蛋白饲料，等等。公司生产的玉米淀粉广泛应用于制药、制糖、纺织、造纸及玉米淀粉的深加工等行业。

二、骊骅淀粉品牌的基础指标与分析

骊骅淀粉品牌的基础数据，如表11-13所示。

表11-13　骊骅淀粉品牌的基础数据

指标范围	知名度（%）	认知度（%）	美誉度（%）	忠诚度（%）
全国	25.40	18.90	10.90	8.50
河北省	25.40	16.67	15.87	17.46

骊骅淀粉品牌的全国知名度为25.40%，突破了品牌知名度的第二个关键点16.13%，此时品牌出现了大范围的消费者认知，对该品牌内涵和企业信息等有较深的了解和认知。该品牌的全国认知度为18.90%，占品牌全国知名度的74.41%，意味着消费者对品牌的认知充分且有效，品牌传播效果充分。在河北省内的品牌知名度与品牌认知度与全国指标水平基本持平，说明该品牌的目标消费者和一般消费者对品牌的了解程度无较大差异，可能是品牌传播渠道或传播内容缺乏针对性，使宣传内容未能有效触达目标消费者。

骊骅淀粉品牌的全国美誉度为10.90%，突破了品牌美誉度的第一个关键点1.62%，消费者对该品牌有较好的口碑并对该品牌产生消费偏好。其品牌全国忠诚度为8.50%，略低于品牌全国美誉度，在一定程度上减缓了品牌的信息衰退。在河北省内，其品牌美誉度和品牌忠诚度均高于全国指标水平，且出现了品牌忠诚度略高于品牌美誉度的品牌结构，说明在河北省内，品牌的自传播能力有溢出，相当部分的自传播能够转化为重复购买行为，这使得品牌知名度、品牌认知度、品牌美誉度三者形成的品牌指标结构能够在营销中充分发挥作用，成为有力的品牌营销工具。

综上所述，该品牌的指标结构在全国和省内差异较小，省内指标结构优于全国指标结构，尤其是省内的品牌认知度与品牌美誉度基本持平，且品牌忠诚度略高于品牌美誉度，该品牌是一个处于成长期且具备一定抗风险能力的区域性品牌；但品牌各项指标偏低，仍需要注重品牌的对外宣传，以及产品品质的监督管控，同时也要注重全国范围内消费者口碑的维护，以提升品牌的全国美誉度。

第四部分

河北其他类品牌资源指标分析

第十二章
河北其他类品牌的各项指标
汇总及解读

第一节　河北其他类品牌指标汇总

本次面向全国和河北省内调研的河北其他类品牌共计27个，其中区域公用品牌7个，企业品牌20个。指标汇总包括河北其他类品牌在全国和河北省内的品牌知名度、品牌认知度、品牌美誉度和品牌忠诚度，经过对调研数据的精确测算，合并计算出全国平均水平。全国和河北省内的品牌指标汇总，如表12-1所示。

表12-1　河北其他类品牌指标汇总

序号	品牌	指标范围	知名度（%）	认知度（%）	美誉度（%）	忠诚度（%）
1	今麦郎	全国	91.60	67.05	30.10	49.60
		河北省	97.18	75.35	43.66	78.87
2	君乐宝	全国	90.40	65.25	32.40	44.60
		河北省	100.00	84.90	66.67	81.25
3	长城葡萄酒	全国	76.80	31.85	22.90	22.10
		河北省	84.13	38.89	30.16	30.16
4	小洋人	全国	76.30	48.55	25.10	31.70
		河北省	83.82	57.35	38.24	55.88
5	露露	全国	66.20	54.45	23.70	33.80
		河北省	85.90	78.21	47.44	69.23
6	养元六个核桃	全国	55.90	39.80	18.80	19.00
		河北省	70.42	49.30	35.21	33.80

续表

序号	品牌	指标范围	知名度（%）	认知度（%）	美誉度（%）	忠诚度（%）
7	梅花	全国	47.29	18.64	10.92	10.32
		河北省	46.15	23.08	11.54	14.10
8	高碑店豆腐丝	全国	47.20	28.50	17.90	16.00
		河北省	62.50	37.50	27.08	35.42
9	华龙	全国	46.20	28.85	16.00	17.00
		河北省	56.76	41.22	27.03	35.14
10	大名小磨香油	全国	44.70	19.10	14.90	14.20
		河北省	60.00	26.50	21.00	25.00
11	白洋淀咸鸭蛋	全国	43.50	38.00	12.30	12.40
		河北省	55.29	52.35	21.18	23.53
12	漕河驴肉	全国	42.70	21.80	15.60	10.60
		河北省	50.93	27.31	25.00	23.15
13	怡达	全国	39.50	28.40	9.80	9.60
		河北省	44.87	27.56	16.67	16.67
14	十八酒坊	全国	37.60	28.20	10.80	8.40
		河北省	64.62	42.31	20.00	21.54
15	珍极	全国	37.00	25.85	12.80	12.00
		河北省	47.87	39.89	20.21	27.66
16	唇动	全国	36.10	25.50	12.50	11.90
		河北省	38.71	25.00	19.35	20.97
17	根力多生物科技	全国	35.36	24.38	9.29	5.99
		河北省	26.58	17.72	10.13	5.06

续表

序号	品牌	指标范围	知名度（%）	认知度（%）	美誉度（%）	忠诚度（%）
18	蓝猫	全国	35.30	11.65	7.70	7.70
		河北省	34.25	13.01	9.59	8.22
19	顶大	全国	34.10	23.25	12.10	11.30
		河北省	41.27	26.98	23.81	25.40
20	晨光生物科技	全国	32.00	17.60	9.40	6.60
		河北省	26.47	8.82	14.71	8.82
21	正定马家卤鸡	全国	30.60	17.00	11.30	9.20
		河北省	41.18	26.47	18.82	16.47
22	同福	全国	30.47	20.38	9.39	7.49
		河北省	44.30	30.38	17.72	17.72
23	福成五丰	全国	29.46	9.92	8.42	7.82
		河北省	24.36	9.62	14.10	11.54
24	卢龙粉丝	全国	29.30	16.40	9.00	7.50
		河北省	29.85	15.67	11.94	13.43
25	栗源	全国	24.40	14.85	8.50	6.30
		河北省	25.00	15.63	11.46	9.38
26	曹妃甸对虾	全国	21.19	12.32	5.74	5.43
		河北省	31.82	19.70	9.09	10.61
27	名花皮业	全国	17.50	10.35	6.20	3.80
		河北省	19.15	11.17	6.38	4.26

第二节 河北其他类品牌各项指标初步解读

一、品牌知名度与品牌认知度解读

品牌基础指标里包括品牌知名度、品牌认知度、品牌美誉度和品牌忠诚度四个对品牌进行描述的指标序列，本次对其他类品牌进行了精确测算，合并计算出全国平均水平，进行品牌指标初步解读。

首先，在本次调研的27个其他类品牌中，5个品牌的全国知名度达到了61.8%以上，分别为今麦郎、君乐宝、长城葡萄酒、小洋人、露露。这5个品牌可以被称为"高知名度品牌"，具有非常充分的消费者认知和联想基础，极有可能发生品牌自传播现象，半数以上的消费者对这5个品牌表现出明显的选择偏好，在无他人提示的情境下，在同类产品的购买选择中，消费者会将这5个品牌作为主要选项。这5个品牌的认知度与知名度的比值基本上都达到了50%以上，说明品牌宣传效果良好，消费者认知充分，品牌知名度大部分来源于消费者对品牌信息较深的了解。

另外，在这5个品牌中，君乐宝在全国的知名度达到了90.4%，在河北省内的知名度达到了100%，说明君乐宝已成为家喻户晓的品牌，在行业内颇具影响力。君乐宝涵盖低温发酵乳、常温液态奶、婴幼儿配方奶粉等产品领域，且拥有多个知名子品牌，目标消费群体覆盖范围广，且消费者对其广告或品牌内涵非常熟悉，广告宣传效果良好，对消费者产生了强吸引力。

露露品牌作为河北省本地的杏仁饮料，在河北省地区具有更高的品牌知名度和品牌认知度，说明河北省内的消费者对该品牌的了解程度更深，在全国范围内因有其他品牌竞争，故品牌知名度略低于省内品牌知名度，但从整体指标来看，该品牌在全国属于优秀水平。

其次，在27个河北其他类品牌中，除以上5个品牌外有9个品牌的全国知名度超过了品牌知名度的第三个关键点37.50%，其中养元六个核桃的品牌知名度达到了55.90%，接近品牌知名度的第四个关键点61.80%；而从河北省基础指标来看，有8个品牌的河北省内知名度超过了品牌知名度的第四个关键点61.80%。有11个品牌的河北省内知名度超过了品牌知名度的第三个关键点37.50%，此时的品牌表现为大多数消费者对品牌信息有较深的了解，能够辨识品牌LOGO，大致描述广告内容、明星代言、品牌内涵或产品风格等信息，产生了明显的消费者区隔。品牌对消费者选择偏好具有影响力，可以成为有用的竞争工具，在营销活动中作用显著。

最后，除以上14个品牌外有13个品牌的全国知名度超过了品牌知名度的第二个关键点16.13%，除以上19个品牌外有8个品牌的河北省内知名度超过了品牌知名度的第二个关键点16.13%。大部分消费者对品牌有较深认知，在异质异价的同类产品中表现出对该品牌产品的明显的购买意愿，开始形成品牌偏好，品牌具有较好的消费者认知基础。

在上述27个品牌中有22个品牌的河北省内认知度与河北省内知名度的比值超过了50%，另有4个品牌的比值超过了33.33%，品牌全国认知度与品牌全国知名度的比值也基本上都超过了33.33%。整体来看，河北其他类品牌的认知程度处于一般以上水平，品牌发展基础良好。

综上，27个河北其他类品牌在全国和河北省内的知名度并没有显著区别，品牌在营销策略上并无差异，在全国和河北省内的品牌影响力较为均衡。

二、品牌美誉度与品牌认知度解读

27个河北其他类品牌的全国和河北省内美誉度均超过了品牌美誉

度的第一个关键点1.62%，突破这个关键点后，消费者的口碑作用开始凸显出来，消费者偏好越来越明显。君乐宝和今麦郎的全国美誉度达到了品牌美誉度的第二个关键点27.91%，此时品牌具有强烈的自传播现象，能够促使目标消费者产生重复购买的集体偏好，而这一特征在河北省内消费群体中表现得更加明显。有6个品牌（君乐宝、露露、今麦郎、小洋人、养元六个核桃和长城葡萄酒）的河北省内美誉度超过了品牌美誉度的第二个关键点27.91%，在河北省内这6个品牌的传播效果更显著。消费者在体验了产品之后表示对品牌满意，并且这6个品牌的知名度和认知度更高，受众人数多，目标消费者范围广，品牌美誉度呈马太效应式骤增。

从品牌指标数据来看，27个品牌的全国美誉度与全国认知度的比值良好，说明消费者对品牌的优质评价大多是基于消费者对品牌良好的认知，品牌认知度对品牌美誉度的获取和提升起到了良好的支撑作用。

晨光生物科技和福成五丰这两个品牌的河北省内美誉度显著高于其河北省内认知度，这是在对品牌认知不充分的情况下产生的品牌美誉度迅速增长的现象，这说明消费者可能是通过自媒体平台或他人的赞许对该品牌产生了良好印象，并未对品牌信息做进一步了解。这种现象说明了品牌具有成为大众品牌的趋势，但没有充足认知支撑的高品牌美誉度是极不稳定的，当品牌出现负面信息时，消费者因不了解该品牌，态度将会出现大转变，很有可能会导致品牌重复购买率的降低，从而导致品牌的利润下降甚至迅速亏损，造成品牌危机。

漕河驴肉与顶大两个品牌的河北省内美誉度与认知度基本持平，这是品牌发展相对稳定的状态，同时也说明品牌宣传效果良好，消费者体验感良好，有利于品牌忠诚者的获得，通过数据来看，这两个品牌的重复购买率高，发展形势良好，应该在保证品质的基础上，加强产品和宣传方式的创新，继续扩大品牌在省内外的知名度，从而使品牌更好地发挥作为营销工具的作用，为企业获取利润和河北省品牌的打造助力。

其余23个品牌的河北省内美誉度均低于河北省内认知度，但比值均处于合理范围内。品牌美誉度低于品牌认知度的原因，基本有以下几点：一是品牌产品的品质仍有提升空间，需要对产品进行改良，符合当下大众消费者的饮食需求；二是受饮食文化的影响，各地消费者的饮食习惯不同，导致消费者对品牌的满意程度有差异；三是行业内竞争对手在产品创新、营销方式及广告宣传等方面会影响消费者偏好。

三、品牌忠诚度与品牌美誉度解读

本次调研的27个河北其他类品牌的全国和河北省内忠诚度均不为0，说明品牌均获得了一定数量的忠诚消费者。其中今麦郎、君乐宝、露露和小洋人的全国和河北省内品牌忠诚度显著高于其他23个品牌，且这四个品牌的忠诚度均高于美誉度，说明品牌效应有溢出，并开始对企业盈利产生良性作用。

从指标数据比值来看，消费者对27个河北省其他类品牌的重复购买率均不低，有7个品牌的全国忠诚度高于全国美誉度，有18个品牌的河北省内忠诚度大于或等于省内美誉度，这说明河北省内消费者对品牌的认可度高，消费者对品牌的赞誉充分转化为重复购买行为，对企业的盈利开始产生正面效应。另外，若品牌美誉度远低于品牌忠诚度，原因可能是消费者在购买了产品之后对产品的口感、价格、销售渠道及方式存在不满情绪，但从整体来看，对该品牌的评价较高；也可能是消费者购买该品牌的产品是被品牌采取的促销方式或产品价格等因素吸引，在这种情况下获得的品牌忠诚度是相当不稳定的，一旦品牌价格发生变动或促销活动停止，就会出现消费者购买行为急速消失的现象。具体原因需要品牌做市场调研，寻找问题的源头，并从根源上解决问题，规避经营风险，避免品牌危机的产生。

另外，20个品牌的全国忠诚度等于或低于全国美誉度，9个品牌的河北省内忠诚度略低于省内美誉度，品牌自传播能力未能充分向重复购买行为转化，企业可能为之努力过，但收效甚微，可能需要在产品品质、性价比和销售渠道等方面做出改善。

第十三章

河北其他类品牌个案分析

第一节 曹妃甸对虾

一、曹妃甸对虾品牌简介

曹妃甸有着"中国东方对虾之乡"的美称,是我国历史上最早、亚洲最大的中国东方对虾养殖区域。曹妃甸是全国三个超万吨养虾县(区)之一,入选河北省首届十佳农产品区域公共品牌。

在这里陆续培育出了黄海系列新品种,并在全国进行了推广与繁殖。目前,曹妃甸实现了6.5万亩(1亩≈0.0667公顷)海水池塘全覆盖,亩均产量75千克,每亩效益超过千元。

二、曹妃甸对虾品牌的基础指标与分析

曹妃甸对虾品牌的基础数据,如表13-1所示。

表13-1 曹妃甸对虾品牌的基础数据

指标范围	知名度(%)	认知度(%)	美誉度(%)	忠诚度(%)
全国	21.19	12.32	5.74	5.43
河北省	31.82	19.70	9.09	10.61

从基础数据来看,曹妃甸对虾品牌的区域性特征还比较明显,品牌在河北省内的各项指标均优于在全国范围内的指标,考虑到水产品的产地优势及运输成本,品牌在当地拥有更好的指标结构应该属于正常现象。

首先,曹妃甸对虾品牌拥有一定的消费者认知基础,在河北省及全国的品牌知名度均超过了品牌知名度的第二个关键点16.13%,意味着

半数消费者对品牌已有较深认知，表现出在对异质异价甚至风格不同的同类产品的选择中对该品牌的产品有明显的购买意愿，品牌偏好逐渐形成。全国和河北省内的品牌认知度与品牌知名度的比值均大于50%，意味着品牌宣传获得了较好的效果，品牌信息传播效率较高。

值得注意的是，品牌美誉度与品牌认知度相比偏低，消费者对品牌的认知并未充分转化为对品牌的良好口碑，这可能是因为品牌产品的品质没有使消费者在体验后感到满意，或者市场上已有的同类品牌干扰了曹妃甸对虾的口碑传播。品牌的省内忠诚度略高于省内美誉度，说明对曹妃甸对虾产品感到满意的消费者后续产生了多次购买行为，品牌偏好明显。综上所述，曹妃甸对虾品牌目前应当注重打造口碑优势，提高消费者满意度。

第二节 白洋淀咸鸭蛋

一、白洋淀咸鸭蛋品牌简介

白洋淀咸鸭蛋，是河北省安新县特产，中国国家地理标志产品。

白洋淀咸鸭蛋的特点是蛋心为红色，营养丰富；富含脂肪、蛋白质以及人体所需的各种氨基酸，含有钙、磷、铁等多种矿物质以及人体必需的各种微量元素和维生素，容易被人体吸收。咸鸭蛋咸度适中、味道鲜美，老少皆宜。白洋淀咸鸭蛋，蛋黄呈红橙色，蛋黄渗油，内质营养丰富，具有"松、沙、油、细、鲜、嫩"六大特点。

2011年7月，国家质量监督检验检疫总局批准对白洋淀咸鸭蛋实施地理标志产品保护。

二、白洋淀咸鸭蛋品牌的基础指标与分析

白洋淀咸鸭蛋品牌的基础数据，如表13-2所示。

表13-2 白洋淀咸鸭蛋品牌的基础数据

指标范围	知名度（%）	认知度（%）	美誉度（%）	忠诚度（%）
全国	43.50	38.00	12.30	12.40
河北省	55.29	52.35	21.18	23.53

白洋淀咸鸭蛋品牌在全国的知名度为43.50%，超过了品牌知名度的第三个关键点37.50%，说明半数以上的消费者对该品牌的原产地、产品类型、产品口感以及生产技艺等信息的认知程度高，能够产生明显的消费者区隔，对消费者偏好具有一定的影响力。品牌全国认知度为38.00%，与品牌全国知名度的比值为87.36%，表明消费者对品牌的知晓已经较充分地转化为对品牌的正确认知，且了解了品牌的更多知识和信息，能够对消费者正向传播产生有效的推动作用。

白洋淀咸鸭蛋品牌的全国美誉度为12.30%，此时消费者口碑作用开始凸显出来，消费者之间的传播也越来越广泛；但品牌美誉度与品牌知名度和品牌认知度相比过低，河北省内指标差异更明显，说明该品牌的产品品质存在一定的提升空间，消费者对品牌的知晓和认知没有充分转化为对品牌的赞美。从表13-2中的数据可知，品牌的全国忠诚度与全国美誉度基本持平，说明认可品牌的消费者的重复购买率很高。

从表13-2中的数据可以看出，在河北省内，白洋淀咸鸭蛋的品牌指标均高于全国指标水平，河北省内的品牌认知度与品牌知名度的比值也达到了较高水平，品牌方需要对产品本身的品质精益求精，提升品牌美誉度，降低忠诚消费者重复购买率下降的风险。

第三节 大名小磨香油

一、大名小磨香油品牌简介

大名小磨香油，是河北省大名县特产，中国国家地理标志产品。

大名小磨香油以芝麻为原料，用石质小磨和独特的传统技艺加工而成，历史悠久、绿色环保、色泽枣红、晶莹透亮。

2014年12月24日，国家质量监督检验检疫总局批准对大名小磨香油实施地理标志产品保护。

二、大名小磨香油品牌的基础指标与分析

大名小磨香油品牌的基础数据，如表13-3所示。

表13-3 大名小磨香油品牌的基础数据

指标范围	知名度（%）	认知度（%）	美誉度（%）	忠诚度（%）
全国	44.70	19.10	14.90	14.20
河北省	60.00	26.50	21.00	25.00

大名小磨香油品牌的全国知名度为44.70%，在本次品牌调研中处于中等偏上水平，说明全国已有部分消费者对该品牌有一定的认知，形成了良好的消费者知晓基础，为品牌的产品推广奠定了基础。品牌省内知名度达到60.00%，说明省内消费者对品牌的知晓程度更高，品牌传播范围更广；但从品牌认知度来看，消费者对品牌的基本信息了解得不够深入，原因可能是品牌在超市、市场及海报宣传等方面投入了大量的资金和人力，但品牌信息的有效传播率并不高。

从品牌美誉度来看，对大名小磨香油品牌认知程度较深的消费者对该品牌的赞美和认可度也较高，且品牌全国忠诚度与品牌全国美誉度相差无几，甚至省内忠诚度要高于省内美誉度，说明该品牌能够把控好产品质量，以吸引消费者重复购买，并能够维护好与忠诚消费者之间的关系。

综上所述，大名小磨香油品牌全国指标结构为逐次下降结构，河北省内指标结构优于全国指标结构，可能是因为地域差异导致的消费者偏好不同。品牌需要注重对品牌信息的有效传播，利用品牌忠诚消费者之间的口碑传播支持品牌认知度的提升，从而形成稳定的品牌指标结构，降低品牌风险。

第四节 卢龙粉丝

一、卢龙粉丝品牌简介

卢龙粉丝，是河北省卢龙县特产，中国国家地理标志产品。

卢龙粉丝历史悠久，早在清朝咸丰年间（1851—1861年），民间就已经开始生产粉丝，手工作坊的生产形式一直延续到20世纪末。品牌产品除远销东北三省、华北以及江浙、四川等地区外，还出口韩国、日本、加拿大等国，是餐桌上"翡翠虾球、锅仔粉丝、火燃雪山、凉拌银丝、群虾归巢、肉末粉丝煲"等名菜佳肴的首选原料。

2004年8月25日，国家质量监督检验检疫总局批准对卢龙粉丝实施原产地域产品保护。

二、卢龙粉丝品牌的基础指标与分析

卢龙粉丝品牌的基础数据，如表13-4所示。

表13-4 卢龙粉丝品牌的基础数据

指标范围	知名度（%）	认知度（%）	美誉度（%）	忠诚度（%）
全国	29.30	16.40	9.00	7.50
河北省	29.85	15.67	11.94	13.43

卢龙粉丝品牌的全国知名度为29.30%，在本次品牌调研中处于中等水平，说明全国已有部分消费者对该品牌有了一定的认知。品牌全国认知度为16.40%，与品牌全国知名度的比值较理想，说明品牌信息的有效传播率较高，品牌知名度在品牌认知度的基础上有所增加，获得了一定的稳定性。河北省内品牌认知度与全国认知度接近，说明该品牌在全国范围内的经营策略无差别；但该品牌的知名度本身并不高，所以不能成为有效的竞争工具，为企业带来良好效益。

从品牌美誉度来看，卢龙粉丝品牌在河北省内的认可度更高，且品牌忠诚度略高于品牌美誉度，这说明本地消费者对地理标志产品有较高的赞誉，且对该品牌产品的接受度更高；但还有另一种可能是，该品牌通过对产品价格、销售渠道及促销方式等进行调整，增加了消费者对品牌产品的重复购买。

综上所述，卢龙粉丝品牌省内指标优于全国指标，地域差异、地方粉丝品牌的竞争、消费者购买习惯以及消费者食用体验导致的消费者偏好不同，该品牌需要提高自身品牌美誉度，为品牌忠诚消费者的转化提供有力的支撑。

第五节　漕河驴肉

一、漕河驴肉品牌简介

漕河驴肉是河北省传统名菜。火烧的发祥地为保定市徐水县（今徐水区）漕河镇。漕河系河北省保定市徐水县境内河流名称，漕河镇以漕河命名，漕河驴肉火烧历史悠久。

二、漕河驴肉品牌的基础指标与分析

漕河驴肉品牌的基础数据，如表13-5所示。

表13-5　漕河驴肉品牌的基础数据

指标范围	知名度（%）	认知度（%）	美誉度（%）	忠诚度（%）
全国	42.70	21.80	15.60	10.60
河北省	50.93	27.31	25.00	23.15

漕河驴肉品牌在全国的知名度为42.70%，超过了品牌知名度的第三个关键点37.50%，说明半数以上的消费者对该品牌的原产地、产品类型及产品口味等信息的认知程度高，产生了明显的消费者区隔，对消费者偏好具有一定的影响力。品牌全国认知度为21.80%，与品牌全国知名度的比值为51.05%，表明消费者对品牌的知晓已经较充分地转化为对品牌的正确认知，对消费者的口碑传播产生了有效的影响。作为河北省地理标志之一的漕河驴肉，其河北省内的各项指标均高于全国指标水平，品牌省内认知度、美誉度和忠诚度三项指标数值接近，这意味着河北省内消费者在体验了该品牌的产品或服务后较为满意，有相当一部

分消费者出现自传播行为，且自传播能力充分转化为重复购买行为。品牌在河北省内拥有良好的指标结构，在营销环节发挥了重要作用。结合漕河驴肉的产品特点，由于其产品更加符合当地消费者的口味，且经过运输后必然会丧失部分风味，所以河北省内能够即时购买并品尝漕河驴肉的消费者对于品牌的认可度更高，因而河北省内的品牌美誉度与品牌忠诚度更高。

漕河驴肉品牌的全国美誉度为15.60%，此时消费者口碑作用开始凸显出来，消费者之间的传播也越来越广泛；但品牌全国美誉度与品牌全国知名度和认知度相比不高，消费者对品牌的知晓和认知没有充分转化为对品牌的赞美。这也是地理标志品牌的正常现象。

综上所述，表13-5中所示的漕河驴肉品牌的品牌指标数据呈依次下降趋势，需要注意品牌的口碑传播，以及产品品质的管理。

第六节　正定马家卤鸡

一、正定马家卤鸡品牌简介

马家卤鸡是河北省正定县马家老鸡店的特色产品，是河北省省级非物质文化遗产。马家卤鸡一律采用鲜嫩活鸡，在如今笼养鸡为主流时则尽量采用山区散养鸡，并经卫生、动物检验检疫部门检疫合格后方可入选。卤煮之前，将鸡洗净，一翅插入口腔，使头部弯回，另一翅折叠，两腿别起，爪入膛内，呈琵琶状。然后放入百年老汤中，配以碘盐、丁香、砂仁、豆蔻、白芷等名贵肉料，以及花椒、大料、小茴香等调味作料。在煮鸡时按鸡龄长短定火候。

二、正定马家卤鸡品牌的基础指标与分析

正定马家卤鸡品牌的基础数据，如表13-6所示。

表13-6 正定马家卤鸡品牌的基础数据

指标范围	知名度（%）	认知度（%）	美誉度（%）	忠诚度（%）
全国	30.60	17.00	11.30	9.20
河北省	41.18	26.47	18.82	16.47

正定马家卤鸡品牌的全国知名度为30.60%，在本次品牌调研中处于偏下水平，说明全国有部分消费者对该品牌有一定的认知。品牌全国认知度为17.00%，与品牌全国知名度的比值超过了50%，说明品牌信息的有效传播率较高。这一比值略低于河北省内比值，消费者对省内地理标志产品的认知程度更深。

从品牌全国美誉度来看，正定马家卤鸡品牌在全国的认知度很高，但低于品牌省内认知度，消费者对品牌的认知没有充分形成对该品牌的赞许或口碑，且由于品牌产品的特殊性，无法在运输过程中长时间保鲜，所以产品味道可能会发生变化，或消费者本身对卤味接受度不高，无法使消费者在体验后达到预期满意度。从品牌忠诚度来看，全国和省内忠诚度都与美誉度相近，所以该品牌自传播向重复购买行为的转化较充分，消费者在品尝过新鲜卤鸡后感到满意，并成为忠诚偏好者。

综上所述，正定马家卤鸡品牌省内的指标结构呈现出逐次下降趋势，省内指标高于全国指标，品牌认知度显著低于品牌知名度，需要对品牌信息多加宣传，提高信息的有效到达率。

第七节　高碑店豆腐丝

一、高碑店豆腐丝品牌简介

高碑店豆腐丝是一道美味可口的名菜，属于冀菜系。高碑店是一个地名，位于河北省。此菜由制作豆腐进展而来。从汉代起，高碑店一带的人们就开始制作和食用豆腐之后，发展出豆腐片、豆腐干、豆腐肌、豆腐丝等豆制品。在众多的豆制品中，豆腐丝以其浓郁的香味、乳黄的色泽、柔韧的条股、制作的精细而别具一格，成为一种地方风味食品。2019年，高碑店豆腐丝制作技艺入选河北省第七批非物质文化遗产名录。

二、高碑店豆腐丝品牌的基础指标与分析

高碑店豆腐丝品牌的基础数据，如表13-7所示。

表13-7　高碑店豆腐丝品牌的基础数据

指标范围	知名度（%）	认知度（%）	美誉度（%）	忠诚度（%）
全国	47.20	28.50	17.90	16.00
河北省	62.50	37.50	27.08	35.42

高碑店豆腐丝品牌的全国知名度为47.20%，已超过品牌知名度的第三个关键点37.50%，此时的品牌表现为半数以上的消费者对品牌的知识和信息非常熟悉，且认知程度较深，但品牌知名度高的原因可能是消费者对高碑店这一地名很熟悉，该品牌借助了地理优势。品牌全国认知度为28.50%，与品牌全国知名度的比值为60.38%，说明消费者对品

牌的认知有效，品牌传播效果较好。高碑店豆腐丝品牌在河北省内的认知度与知名度的比值与全国水平接近，品牌仍具有较高的区域优势。

高碑店豆腐丝品牌的全国美誉度达到了17.90%，消费者的口碑已经有了明显的正向作用，消费者偏好也逐渐显著，品牌影响力越来越大。该品牌的全国忠诚度与全国美誉度基本持平，说明品牌美誉度转化充分，消费者重复购买该品牌产品的频率很高。在河北省内，品牌忠诚度甚至大于品牌美誉度，说明消费者对高碑店豆腐丝的评价极高，品牌品质值得消费者信赖。

综上所述，高碑店豆腐丝全国品牌结构趋近逐次下降结构，河北省内品牌指标结构虽然优于全国品牌指标结构，但由于品牌美誉度较低，所以需要对品牌美誉度提升做出努力，稳定消费者的品牌忠诚度。

第八节　君乐宝

一、君乐宝品牌简介

君乐宝乳业集团有限公司（以下简称"君乐宝乳业集团"）创立于1995年，28年来始终专注于奶业发展，致力于为消费者提供健康、营养、安全的乳制品。集团业务范围包括婴幼儿奶粉、酸奶、低温鲜奶、常温液态奶、牧业、草业等板块，在河北、河南、江苏、吉林等地建有21个生产工厂、17个现代化大型牧场，销售市场覆盖全国。君乐宝乳业集团是河北省规模最大的乳品企业，拥有21个生产工厂和17个大型牧场，养殖奶牛12万头，牧草种植基地50万亩（1亩≈0.0667公顷）。2021年，君乐宝婴幼儿奶粉产销量达到10万吨，整体营业收入200亿元，居全国领先水平。君乐宝在酸奶市场占有率居全国第三位，其中简醇酸奶在全国零蔗糖酸奶品类中销量第一。

近年来，君乐宝持续加大研发创新，不断优化产品结构，努力推动奶业高质量发展，创新"全产业链一体化"模式，致力于打造"六个世界级"生产经营模式，努力实现四个"最"——质量最优、品牌最强、社会最放心、消费者最满意。

二、君乐宝品牌的基础指标与分析

君乐宝品牌的基础数据，如表13-8所示。

表13-8　君乐宝品牌的基础数据

指标范围	知名度（%）	认知度（%）	美誉度（%）	忠诚度（%）
全国	90.40	65.25	32.40	44.60
河北省	100.00	84.90	66.67	81.25

君乐宝品牌的全国知名度为90.40%，超过了品牌知名度的第五个关键点84.45%，说明该商标在行业内颇具影响力，半数以上的消费者对其广告或品牌内涵非常熟悉。品牌的全国认知度是65.25%，达到了全国知名度的72.18%，消费者的认知程度高，品牌获得了较高的有效传播；但品牌全国认知度与河北省内的品牌认知度有一定差距，品牌对河北省内的目标消费者更关注，营销策略实施更加有效。

君乐宝品牌的全国美誉度和全国忠诚度较高，消费者口碑作用已经凸显出来；但是从表13-8中的基础指标对比可发现，无论是全国范围还是河北省内，品牌美誉度与品牌知名度和品牌认知度相比都不高，说明消费者对品牌的知晓和认知没有充分转化为对品牌的赞美。品牌的全国忠诚度略高于全国美誉度，说明品牌的重复购买率高。

该品牌的全国指标结构与所在地指标结构类似，品牌知名度、品牌认知度、品牌美誉度、品牌忠诚度之间的比例关系也较为合理，品牌指标结构接近最优结构，意味着品牌有较强的抗风险能力，品牌发展质量优良。品牌明显的缺陷在于，相比于品牌认知度，品牌的美誉度偏低，这一结构反映出君乐宝品牌在全国虽然获得了较高的品牌知名度，对消费者有一定的影响力，但并没有收获与品牌知名度相匹配的消费者口碑，存在明显的"重名轻誉"的问题。

第九节　养元六个核桃

一、养元六个核桃品牌简介

河北养元智汇饮品股份有限公司始建于1997年，是中国核桃乳饮料的开创企业。十余年来，公司坚定走"专注核桃饮品"的专业化发展之路，通过"技术创新、品牌创新、品类创新"的发展三部曲，实现了较快的发展，是国内最大的核桃饮品企业，也是国内最大的植物蛋白饮料企业。

六个核桃是河北养元智汇饮品股份有限公司推出的一款核桃乳饮品，在原料上，六个核桃每罐含有24克核桃仁，均精选自新疆、云南、太行山三大黄金产区的优质核桃，且所有核桃都经过6项物理指标及36项理化检测，以确保核桃原料的天然绿色、无污染，从源头上保证产品的品质与安全。

六个核桃运用独创的"5·3·28"核桃乳生产工艺，有效地解决了核桃本身营养不易吸收、携带不便、口感涩腻的问题；独创的"全核桃CET冷萃工艺"，实现了核桃仁种皮苦涩物质的靶向去除，完整保留核桃及其种皮的营养，将核桃蛋白、脂肪等营养成分的利用率提高至97%以上；"五重细化研磨"工艺，将核桃乳研磨颗粒的平均直径达到纳米级别，在只改变核桃原料的物理状态下，保证了核桃营养的完整性。

2012年，"六个核桃"商标被河北省工商行政管理局认定为河北省著名商标；获评"2012年度最受消费者信赖的食品品牌"；获得了第十九届中国食品安全大会"食品安全诚信单位""食品安全管理创新二十佳案例""第十九届食品安全大会社会责任企业"三项大奖。

2015年6月，"六个核桃"商标被国家工商行政管理总局依法认定为"中国驰名商标"。2015年7月，在京津冀食品产业协同发展论坛暨河北省食品学会2015年度会上六个核桃产品被评为"科技创新金奖"。2022年，六个核桃成为首个入围"全球软饮料品牌价值25强榜单"的中国品牌。

二、养元六个核桃品牌的基础指标与分析

养元六个核桃品牌的基础数据，如表13-9所示。

表13-9 养元六个核桃品牌的基础数据

指标范围	知名度（%）	认知度（%）	美誉度（%）	忠诚度（%）
全国	55.90	39.80	18.80	19.00
河北省	70.42	49.30	35.21	33.80

养元六个核桃品牌的全国知名度为55.90%，已超过品牌知名度的第三个关键点37.50%，此时的品牌表现为半数以上的消费者对品牌的知识和信息非常熟悉，认知程度较高，具有一定的品牌联想度。品牌全国认知度为39.80%，与品牌知名度的比值为71.20%，说明消费者对品牌的认知有效，品牌传播效果较充分。养元六个核桃品牌在河北省内的知名度和认知度比全国指标水平更高，意味着品牌还具有较大的区域优势。

养元六个核桃品牌的全国美誉度达到了18.80%，有效自传播效应开始发生，消费者偏好越来越明显。该品牌的全国忠诚度与全国美誉度基本持平，说明品牌美誉度转化充分，消费者重复购买该品牌产品的频率很高。在河北省内，品牌美誉度略高于品牌忠诚度，说明消费者对养

元六个核桃的评价极高且愿意重复购买。

该品牌的全国指标结构与河北省指标结构基本一致，近似于次优结构。养元六个核桃品牌知名度很高，品牌认知度超过品牌知名度的50%，品牌美誉度与品牌忠诚度接近，实现了品牌口碑向消费者重复购买行为的转化。品牌的缺陷是全国指标中的品牌美誉度偏低，需要注重全国范围内的口碑传播，加强对产品品质的监管。

第十节 露露

一、露露品牌简介

河北承德露露股份有限公司坐落于河北省承德市高新技术产业开发区，以生产露露系列天然饮料为主业，是跨地区、跨行业和跨国多元化经营的现代企业集团。公司始建于1950年，现为万向三农集团有限公司控股的上市公司。

公司于1997年年底在深圳证券交易所上市，成为国内饮料行业首批上市公司之一。目前主要产品系列有经典系列、经典低糖系列和杏仁奶系列，其主导产品露露杏仁露是获国家专利的产品，在国内杏仁露市场占有90%以上的份额。

二、露露品牌的基础指标与分析

露露品牌的基础数据，如表13-10所示。

表13-10 露露品牌的基础数据

指标范围	知名度（%）	认知度（%）	美誉度（%）	忠诚度（%）
全国	66.20	54.45	23.70	33.80
河北省	85.90	78.21	47.44	69.23

露露品牌的全国知名度为66.20%，已经达到品牌知名度的第四个关键点61.80%，品牌知名度达到61.80%以上的品牌称为高知名度品牌，可以看出该品牌在全国范围内采取的营销措施很有效。品牌全国认知度为54.45%，与品牌全国知名度的比值达到82.25%，说明消费者对品牌的认知有效，品牌传播效果充分。露露品牌在河北省内的知名度和认知度比全国指标水平更高，品牌还具有较大的区域优势。

露露品牌的全国美誉度达到了23.70%，消费者的口碑作用开始凸显出来，消费者偏好也越来越明显。该品牌的全国忠诚度为33.80%，高于品牌全国美誉度，说明品牌自传播效应显著，对品牌忠诚度的产生和发展提供了良好的支撑。在河北省内，该品牌美誉度达到了47.44%，远超过品牌美誉度的第二个关键点27.91%，形成消费者对品牌的集体偏好，忠诚消费者的转化充分，对企业的经营已起到支撑作用。

综上所述，表13-10中露露品牌的全国指标结构和河北省指标结构相似，属于较稳定结构。品牌在河北省内外均具有高知名度和高认知度，说明该品牌传播效果良好，未来需要维持高品牌知名度，促进品牌美誉度的再提高，维护品牌忠诚消费者，保持品牌高重复购买率。

第十一节　福成五丰

一、福成五丰品牌简介

河北福成五丰食品股份有限公司位于河北省三河市燕郊高新技术园区，成立于1998年3月。公司为集生态农业、肉牛养殖屠宰、预制菜、肉类制品、乳制品、餐饮连锁和殡葬服务于一体的大型综合企业。公司拥有两个现代化生产工业园区、一个集成行政办公区，拥有"福成"中国驰名品牌、"鲜到家"预制菜产品品牌和"福成肥牛"餐饮品牌。

公司被原中华人民共和国农业部等九部委联合认定为农业产业化国家级重点龙头企业,"福成"商标被原国家工商行政管理总局商标局认证为中国驰名商标,并在2019年荣获"高新技术企业"称号。

二、福成五丰品牌的基础指标与分析

福成五丰品牌的基础数据,如表13-11所示。

表13-11 福成五丰品牌的基础数据

指标范围	知名度(%)	认知度(%)	美誉度(%)	忠诚度(%)
全国	29.46	9.92	8.42	7.82
河北省	24.36	9.62	14.10	11.54

福成五丰品牌在全国范围的知名度为29.46%,突破了品牌知名度的第二个关键点16.13%,此时消费者已经对该品牌有了较深的了解,可能对品牌主要产品、业务范围等较为熟悉;但其品牌全国认知度达到了全国知名度的33.67%,说明品牌内涵的传播效果不够充分,消费者对该品牌的认知程度一般。在河北省内,其品牌知名度和品牌认知度趋近于全国指标水平,说明该品牌的区域性特征已逐渐褪去,开始向全国性品牌转变。

福成五丰品牌的全国美誉度为8.42%,略低于其全国认知度,这种情况较为常见,说明消费者对品牌内涵的认识已充分转化为对该品牌的赞许或口碑。其品牌忠诚度与品牌美誉度差距不大,说明该品牌的口碑充分转化为重复购买行为。在河北省内,其品牌美誉度和品牌忠诚度均高于全国指标水平,且高于省内的品牌认知度,一方面,可以说明该品牌在河北省内得到了极高的认可和赞赏;另一方面,造成低品牌认知度、高品牌美誉度的原因可能是自媒体对消费者的影响,使其在没有品牌体验的情况下出现了品牌的自传播现象，这种情况极易危害品牌的结构稳定性。

综上所述，福成五丰的全国品牌指标结构与河北省指标结构基本一致，四项指标数据均不太高，指标间的结构关系对品牌营销的作用有限，其品牌认知度过低，未能实现品牌知名度向品牌认知度的充分转化，未来该品牌仍需注意传播内容的质量以及传播渠道的选择，使其能有效触达消费者。

第十二节　蓝猫

一、蓝猫品牌简介

唐山蓝猫饮品集团有限公司，是国内唯一一家专业从事野生饮品研发、生产、销售的企业集团。公司是河北省知名企业、省科技型和质量效益型企业、农业部质量管理先进单位、全国食品工业龙头企业、农业产业化国家重点龙头企业，已完成IS O9001和HACCP两个体系认证，并获"绿色食品"四项认证标号。

公司始建于1994年，2003年11月25日正式组建集团公司，下辖遵化市蓝猫绿野饮品有限公司、蓝猫蛋白粉有限公司、北京蓝猫咕噜噜饮品营销有限公司、遵化市蓝猫科研有限公司、遵化市蓝猫酒业有限公司。经过十几年的努力，公司开发出具有独立知识产权的野生饮品整套生产工艺技术体系，该体系的关键工艺技术在国内处于领先水平。

二、蓝猫品牌的基础指标与分析

蓝猫品牌的基础数据，如表13-12所示。

表13-12　蓝猫品牌的基础数据

指标范围	知名度（%）	认知度（%）	美誉度（%）	忠诚度（%）
全国	35.30	11.65	7.70	7.70
河北省	34.25	13.01	9.59	8.22

蓝猫品牌的全国知名度为35.30%，突破了品牌知名度的第二个关键点16.13%，意味着半数消费者已对其有较深的了解，不仅知晓该品牌的产品类型，还了解其品牌LOGO及产品价格等，形成了对该品牌的购买偏好。其品牌全国认知度达到了全国知名度的33.00%，意味着该品牌在传播过程中形成了有效的消费者认知，但品牌传播效果并不充分。对比品牌知名度和品牌认知度，二者在省内外相差不大，说明该品牌的传播可能是针对大众群体，目标消费者和一般消费者获得的品牌信息差异不大。

蓝猫品牌的全国美誉度和全国忠诚度相等，在河北省内二者也相差不大，说明品牌自传播能力较强，相当部分的口碑自传播消费者有重复购买行为，但因为品牌认知度、品牌美誉度和品牌忠诚度相对品牌知名度较低，还未形成稳定的品牌指标结构，对企业营销活动的作用有限。

综上所述，蓝猫品牌的全国和河北省内指标结构较为相似，存在品牌认知度和品牌美誉度相对较低的问题，造成该现象的原因可能是广告投放过于密集，造成品牌知名度大幅上升，但由于缺乏针对目标消费者的营销活动，导致高品牌知名度并未充分转化为品牌认知度和品牌美誉度。

第十三节 小洋人

一、小洋人品牌简介

小洋人生物乳业集团有限公司是一家以乳制品饮料开发为主，集科研、生产、销售于一体的大型现代化民营集团企业。公司创立于1994年，原名为"河北小洋人食品有限公司"，2003年正式更名为"河北小洋人生物乳业有限公司"。公司采用国内外一流的自动化生产线，主要生产酸奶系列、果乳休闲乳品系列、果奶系列、妙恋乳酸菌饮品系列、北极冰系列、鲜酸乳系列、可吸果冻系列、奶茶系列、恐龙系列等十二大系列百余种产品，产品畅销我国东北、华北、华东等地区。

2005年，"小洋人"商标被评为"中国驰名商标"。2006年，小洋人被美国《福布斯》评选为年度"中国最具潜力100榜企业"；同年，小洋人的品牌价值被评估出13.6亿元的高价。2007年，小洋人集团商标"小洋人"入选我国最具价值商标500强，并被中华人民共和国商务部评定为中国最具市场竞争力品牌。2019年12月16日，入选农业产业化国家重点龙头企业名单。2021年9月，入围2021河北省民营企业社会责任100强企业名单。

二、小洋人品牌的基础指标与分析

小洋人品牌的基础数据，如表13-13所示。

表13-13　小洋人品牌的基础数据

指标范围	知名度（%）	认知度（%）	美誉度（%）	忠诚度（%）
全国	76.30	48.55	25.10	31.70
河北省	83.82	57.35	38.24	55.88

小洋人品牌的全国知名度为76.30%，达到了品牌知名度的第四个关键点61.80%，属于高知名度品牌，趋近于家喻户晓的程度。该品牌的全国认知度为48.55%，占全国知名度的63.63%，意味着该品牌在获得知名度的同时也获得了有效传播，半数以上消费者不仅知晓该品牌，还了解品牌更多的信息。在河北省内，其品牌知名度和品牌认知度均高于全国指标水平，该品牌仍保留了一定的区域性品牌特征。

小洋人品牌的全国美誉度为25.10%，突破了品牌美誉度的第一个关键点1.62%，消费者的口碑作用开始凸显出来，容易形成自传播效应。对比表13-13中的基础数据可知，无论是在全国范围还是河北省内，其品牌忠诚度均高于品牌美誉度，说明该品牌在营销环节作用明显，品牌忠诚度明显高于品牌美誉度可能不仅是因为品牌本身，还受到诸如价格、渠道、促销等因素的影响。

综上所述，小洋人品牌的全国和河北省内品牌指标结构相似，该品牌已经拥有较高的知名度，品牌管理重心可以放在公共关系活动等能够促进品牌美誉度形成的营销策略上。

第十四节　怡达

一、怡达品牌简介

河北怡达食品集团有限公司（以下简称"怡达集团"）始建于1989

年，传承李氏家族300年"果子单"秘制工艺，精选燕山山脉特有的优质"铁山楂"为原料，以经典传统山楂食品为主线。目前，已形成传统怡达山楂、怡李济、灵猴部落、开味萌主，叽叽楂楂、轻轻相遇六大品牌系列。产品销售市场覆盖全国10余万家大型商超卖场，出口18个国家和地区。历经34年，怡达集团已发展成为集种植、加工、研发、销售、文创、旅游、观光体验于一体，一、二、三产相融合的现代企业集团。

二、怡达品牌的基础指标与分析

怡达品牌的基础数据，如表13-14所示。

表13-14 怡达品牌的基础数据

指标范围	知名度（%）	认知度（%）	美誉度（%）	忠诚度（%）
全国	39.50	28.40	9.80	9.60
河北省	44.87	27.56	16.67	16.67

怡达品牌的全国知名度为39.5%，达到了品牌知名度的第三个关键点37.5%，品牌全国认知度为28.40%，说明半数以上的消费者对该品牌非常熟悉，但缺乏对品牌广告内容、LOGO及品牌内涵等的深度认知。不管是在全国还是河北省内，其品牌认知度与品牌知名度的比值均大于50%，说明该品牌的传播效果良好。

怡达品牌的全国美誉度为9.80%，突破了品牌美誉度的第一个关键点1.62%，此时消费者的口碑作用开始凸显出来，即使在面对同类产品时，也会对该品牌形成较为明显的偏好。此时，品牌极易发生品牌自传播效应。该品牌的全国忠诚度为9.60%，与品牌全国美誉度大致相等，说明有相当部分的口碑自传播者有重复购买行为。品牌在河北省内的美誉度和忠诚度均为16.67%，均高于全国指标水平，说明在河北省区域内该品牌可以充分作为营销工具，未来仍需采取措施提高其在全国的品牌美誉度和品牌忠诚度。

综上所述，怡达品牌的全国和省内指标结构均属于逐次下降结构，还未形成稳定的品牌结构。故品牌需要注重在全国范围内开展品牌推广活动，提升全国范围的品牌知名度。另外，怡达品牌全国范围的美誉度和忠诚度较低，说明品牌应更加注重消费者体验，通过反馈机制了解消费者对该品牌产品或服务的评价，并针对反馈建议进行调整和完善。

第十五节　栗源

一、栗源品牌简介

河北栗源食品有限公司成立于1999年，主要经营京东板栗、粮食深加工及其他农副产品，是集绿色环保型、科技型、创汇型、产业化于一身的国内最大的专业板栗加工企业。现有鲜板栗、速冻栗仁、小包装甘栗仁、板栗糕点、小甘薯、莲子等十大系列30多个品种，板栗贮藏、保鲜及深加工技术居于国际先进水平。

栗源产品以优质京东板栗为主要原料。京东板栗又称"天津甘栗"，是燕山山脉特产，富含金、银、铁、锌、硼等十多种矿物质和多种微量元素。

二、栗源品牌的基础指标与分析

栗源品牌的基础数据，如表13-15所示。

表13-15　栗源品牌的基础数据

指标范围	知名度（%）	认知度（%）	美誉度（%）	忠诚度（%）
全国	24.40	14.85	8.50	6.30
河北省	25.00	15.63	11.46	9.38

栗源品牌的全国知名度为24.40%，已超过知品牌名度的第二个关键点16.13%，此时的品牌表现为半数消费者对品牌有较深认知，面对异质异价甚至风格不同的同类产品时对该品牌的产品有明显的购买意愿。栗源品牌全国认知度为14.85%，与品牌知名度的比值为60.86%，说明消费者对品牌的认知有效，品牌传播效果充分。河北省内的品牌知名度和品牌认知度与全国指标水平较为接近，品牌区域性特征不明显。

栗源品牌的全国美誉度达到了8.50%，消费者的口碑开始发挥作用，消费者偏好也越来越明显。该品牌的全国忠诚度与全国美誉度差距不大，说明品牌美誉度转化充分，消费者重复购买该品牌产品的频率很高。在河北省内，品牌忠诚度与品牌美誉度接近，说明品牌自传播能力向重复购买行为的转化较充分。

从表13-15中的数据可以看出，栗源品牌的全国指标结构与河北省指标结构基本一致，四项指标均不突出，指标间的结构关系较稳定，对品牌营销开始起促进作用，对消费者的选择偏好产生了一定的影响。

第十六节　根力多生物科技

一、根力多生物科技品牌简介

根力多生物科技股份有限公司成立于2002年，是一家专业从事生物蛋白系列肥料、微生物菌剂、植物营养特种肥、矿物土壤调理剂等产品研发、生产、销售、服务的新型肥料生产企业。

根力多生物科技股份有限公司是一家新三板挂牌和高新技术企业，公司加大科研投入，提出作物养分"大三元"理念，根据中国土壤、气候及作物需肥特点研制出新一代"无机营养元素+有机动植物活性蛋白

+复合生物菌群全营养"组合生物蛋白复合肥料。公司于2017—2021年蝉联中国生物肥料企业竞争力百强首位，荣获"中国有机肥十佳品牌"称号。

二、根力多生物科技品牌的基础指标与分析

根力多生物科技品牌的基础数据，如表13-16所示。

表13-16 根力多生物科技品牌的基础数据

指标范围	知名度（%）	认知度（%）	美誉度（%）	忠诚度（%）
全国	35.36	24.38	9.29	5.99
河北省	26.58	17.72	10.13	5.06

根力多品牌的全国知名度为35.36%，超过了品牌知名度的第二个关键点16.13%，出现了大范围的消费者认知，对品牌产品的品类、价格、包装及LOGO等信息都有了较深的认知，拥有了良好的消费者认知基础。品牌全国认知度达到了全国知名度的68.95%，消费者的认知程度高，品牌传播效果良好。

从表13-16中的基础数据对比可知，无论是全国范围还是河北省内，消费者对根力多生物科技品牌的正确认知都未能充分转化为对品牌的赞美，消费者偏好不显著。品牌全国美誉度远低于品牌全国认知度，出现这种情况的可能原因是前期广告宣传有效，但消费者没有对产品或服务的质量形成体验后的满意。由于根力多生物科技品牌的产品不具有大众特性，其消费者基本从事农业相关工作，消费者之间的自传播能力尤为重要，而根力多生物科技品牌的美誉度和忠诚度相对较低，且品牌忠诚度低于品牌美誉度，这很可能是由于农业从事者容易对一种或几种品牌产生强偏好，且会倾向于接受身边同行业人员的推荐，从而选择美誉度更高的品牌。

综上所述，表13-16中根力多生物科技品牌的指标数据依次下降，品牌需要注重产品品质和服务等方面的提升，优化消费者的产品使用感受，提高品牌美誉度，完善品牌口碑，形成消费者自传播发展。

第十七节　名花皮业

一、名花皮业品牌简介

辛集市名花皮业有限公司（以下简称"名花公司"）坐落于燕赵腹地、冀中平原东南部的河北省辛集市皮革商业城。这里交通便利、商贸繁荣。南有石德铁路线，北邻307国道和黄骅—石家庄高速公路，自古就有"河北一集"之美称。早在明清时期的县志里，就对这里及辛集的传统皮毛行业做了详细记载："辛集一区，素号商埠，皮毛二行，南北互易，远至数千里，夜不闭市，日进斗金。"

名花公司原名"辛集市名花皮具厂"，成立于1996年，是以生产"名花"牌系列皮具、手套制品为主营业务的大型企业。公司于1997年荣获第六届中国专利新技术新产品博览会金奖。从2003年起，连续两年获得由中国皮革工业协会主办的"真皮标志杯"全国皮具设计大奖赛二等奖，2005年获这一比赛的一等奖。2005年公司产品顺利通过了ISO 9002质量管理体系的严格认证，并荣获"河北省优质产品"称号。2006年名花公司生产的产品荣获"河北省名牌产品"称号，"名花"商标被认定为河北省著名商标。

二、名花皮业品牌的基础指标与分析

名花皮业品牌的基础数据，如表13-17所示。

表13-17 名花皮业品牌的基础数据

指标范围	知名度（%）	认知度（%）	美誉度（%）	忠诚度（%）
全国	17.50	10.35	6.20	3.80
河北省	19.15	11.17	6.38	4.26

名花皮业品牌的全国知名度为17.50%，超过了品牌知名度的第二个关键点16.13%，出现了大范围的消费者认知，消费者对品牌产品的品类、价格、包装及LOGO等信息都有了较深的认知，品牌拥有了良好的消费者认知基础。品牌全国认知度达到了全国知名度的59.14%，消费者的认知程度深，品牌传播效果良好。品牌全国指标与河北省内的品牌指标没有显著差异，表中数据无法体现名花皮业品牌的主要推广地点和推广效果。

从表13-17中的基础指标数据对比可知，无论是全国范围还是河北省内，品牌美誉度均低于品牌认知度，品牌忠诚度均低于品牌美誉度，结合名花皮业的行业特征来看，皮制品的价格较高，且普通消费者难以判断产品质量情况，消费者更倾向于购买高知名度的品牌，这也导致了名花皮业品牌的全国美誉度和全国忠诚度相对较低，且品牌忠诚度低于品牌美誉度。消费者偏好不显著，品牌自传播能力无法转化为重复购买行为，品牌口碑不能完全转化为销售收益。名花皮业需要注重产品品质和服务等方面的提升，优化消费者的深度体验感受，提高消费者的重复购买率。

综上所述，表13-17中名花皮业品牌的品牌指标数据呈逐次下降趋势，品牌方应注重品牌知名度的提升以及口碑传播。

第十八节 长城葡萄酒

一、长城葡萄酒品牌简介

长城葡萄酒是全球500强企业中粮集团有限公司旗下的驰名品牌,是中国葡萄酒品牌,是"中国名牌产品"和"行业标志性品牌"。1978年中国第一个葡萄酒科研基地在河北沙城建立,截至目前,公司产品已形成干、半干、半甜、甜、加香、起泡、蒸馏七个系列100多个品种。"长城"牌干白、半干、半甜白、干红、桃红葡萄酒及香槟起泡葡萄酒被中国绿色食品发展中心认定为"绿色食品"。

二、长城葡萄酒品牌的基础指标与分析

长城葡萄酒品牌的基础数据,如表13-18所示。

表13-18 长城葡萄酒品牌的基础数据

指标范围	知名度(%)	认知度(%)	美誉度(%)	忠诚度(%)
全国	76.80	31.85	22.90	22.10
河北省	84.13	38.89	30.16	30.16

长城葡萄酒品牌在全国的知名度为76.80%,超过了品牌知名度的第四个关键点61.80%,可以称为"高知名度品牌"。长城葡萄酒历史悠久,意味着半数以上的消费者在面对同类酒产品时会对该品牌表现出明显的偏好。该品牌的全国认知度与全国知名度之比约为41.47%,略低于二者的理想比值50%,这意味着该品牌的传播效果一般,大多数消费者对该品牌的了解并不深入。长城葡萄酒品牌在河北省的知名度和认知

度均高于全国指标水平，且在河北省内知名度达到了84.13%，趋近于品牌知名度的第五个关键点84.45%，意味着该品牌在河北省内成为消费者耳熟能详的品牌，具有极高的品牌影响力。

长城葡萄酒品牌在全国的美誉度为22.90%，还未达到品牌美誉度的第二个关键点27.91%，说明该品牌的目标消费者形成了购买偏好，消费者口碑作用显著，并形成了明显的自传播效应。其品牌全国忠诚度为22.10%，近似等于品牌全国美誉度，自传播效应也充分转化为消费者的重复购买行为。在河北省内，其品牌美誉度等于品牌忠诚度，说明厂商在企业经营中可以充分利用品牌作为营销工具。

综上所述，长城葡萄酒品牌的全国和河北省内指标结构差异不大，二者都形成了稳定的品牌结构，品牌在营销活动中的作用较为明显；但品牌知名度和品牌认知度二者差异较大，这可能与该品牌多次与重要赛事、会议场合合作有关，使得品牌知名度大幅提升但未能使消费者对品牌知识和信息产生深刻的认知。故此品牌需要积极开展相关推广活动，来提高品牌信息传播有效到达率。

第十九节　顶大

一、顶大品牌简介

河北顶大食品集团有限公司成立于1998年，是"农业产业化国家级重点龙头企业"。集团管理总部位于美丽的北戴河新区，全国有5个生产基地，占地1000多亩（1亩≈0.0667公顷），基地分别分布在北戴河新区、昌黎靖安、安徽阜阳泉北新区、哈尔滨民主食品园区。集团主营产品为"顶大"牌方便粉丝、米线、凉皮儿、热汤面皮儿和"巴巴脆"系列膨化休闲食品。

集团有稳定的原材料供应基地、专业的研发机构、丰富的产品线，销售网络遍布全国28个省、自治区、直辖市，拥有一批商1100家、二批商23 000家，市场占有率持续上升，销售业绩年年增长。集团被农业农村部、国家发展改革委、财政部、商务部、人民银行、国家税务总局、中国证监会、全国供销合作总社八部委认定为"农业产业化国家级重点龙头企业"，被中国食品工业协会认定为"全国食品工业科技进步优秀项目""全国食品工业科技进步优秀新产品"。

二、顶大品牌的基础指标与分析

顶大品牌的基础数据，如表13-19所示。

表13-19 顶大品牌的基础数据

指标范围	知名度（%）	认知度（%）	美誉度（%）	忠诚度（%）
全国	34.10	23.25	12.10	11.30
河北省	41.27	26.98	23.81	25.40

顶大品牌在全国的知名度为34.10%，已经超过了品牌知名度的第二个关键点16.13%，此时的品牌表现为半数消费者已对该品牌有较好的知晓基础。其品牌全国认知度为23.25%，与全国知名度的比值约为68.18%，说明该品牌的传播效果较好，知晓该品牌的消费者对品牌内涵也有较深的认知。河北省内的品牌知名度和品牌认知度均高于全国指标水平，意味着在河北省内该品牌得到了绝大多数目标消费者的认可和喜爱。

顶大品牌在全国的美誉度为12.10%，超过品牌美誉度的第一个关键点1.62%，此时品牌的自传播效应开始发生，品牌不需要再像创建阶段那样为获得品牌知名度负担高额成本，可以借助消费者的口碑作用进行传播。其品牌全国忠诚度为11.30%，与品牌全国美誉度大致相等，此时的品牌表现为大多数的消费者口碑可以转化为实际的重复购买行为。在河北省内，其品牌美誉度和品牌忠诚度均高于全国指标水平，意味着该品牌在河北省内受到绝大多数目标消费者的认可和喜爱，品牌抗风险能力较强，但仍需重视其在全国范围内的品牌传播。

综上所述，顶大品牌的品牌结构在全国范围属于逐次下降结构，河北省内的指标结构优于全国指标结构，全国的品牌美誉度和品牌忠诚度较低，仍需注重全国范围的消费者体验和评价。

第二十节　十八酒坊

一、十八酒坊品牌简介

十八酒坊是指十八家不同的酿酒商铺，包括福兴隆、德源涌、天成、恒德成、德昌、庆畲增、记兴、兴源祥、福聚兴、恒聚成、义庆隆等。市场上的主流产品有醇柔20年、醇柔15年、醇柔12年、醇柔10年、王牌、醇柔8年、蓝钻、紫钻、红宝石等品种。十八酒坊虽与衡水老白干不是同一品牌，但与衡水老白干息息相关，它是秉承衡水数百年的酿酒工艺酿制而成，从衡水老白干借力，十八酒坊成就了今天的市场地位。

十八酒坊之所以能够获得"中国驰名商标"称号，除了其一脉相承的历史，还在于它独特的酿造工艺以及在中国白酒市场的影响力。作为河北地区高端白酒的代表，其精湛的酿造工艺和独特的风格特点，成就了品牌醇柔典范的巅峰地位。十八酒坊"醇柔"并济，具有多层次的风格特点，集清香、浓香之长为一体，入口柔顺净爽，酒味醇厚丰满。在中国白酒中独树一帜，为众多白酒业内专家所称道。

2008年十八酒坊获得了"中国驰名商标"的美誉，并荣获中国

2010年上海世博会河北省参展唯一指定白酒。

二、十八酒坊品牌的基础指标与分析

十八酒坊品牌的基础数据，如表13-20所示。

表13-20 十八酒坊品牌的基础数据

指标范围	知名度（%）	认知度（%）	美誉度（%）	忠诚度（%）
全国	37.60	28.20	10.80	8.40
河北省	64.62	42.31	20.00	21.54

十八酒坊品牌的全国知名度为37.60%，超过了品牌知名度的第三个关键点37.50%，说明半数以上的消费者对该品牌的原产地、产品类型、产品香型等信息的认知程度高，且能够大致描述出品牌信息，产生明显的消费者区隔，对消费者偏好具有一定的影响力。品牌全国认知度为28.20%，与品牌全国知名度的比值为75.00%，消费者对品牌的知晓已经充分地转化为对品牌的正确认知，对消费者产生了有效的影响。

全国范围内品牌美誉度为10.80%，此时消费者口碑作用开始凸显出来，但其数值相较于品牌认知度而言仍然偏低，结合品牌美誉度与品牌忠诚度的关系来看，有大部分自传播者出现重复购买行为，这意味着消费者在体验了十八酒坊品牌的产品或服务后感到比较满意，并不是由于产品质量问题而导致的品牌美誉度较低。白酒行业存在几大品牌知名度极高的市场领导者，且河北省内也存在其他品牌知名度极高的白酒品牌，在这些品牌的影响下，很多消费者即使对十八酒坊品牌有着充分的认知，也没有进入自传播阶段。

河北省内的各项品牌指标均高于全国指标水平，品牌对河北省内的目标消费者更关注，营销策略实施更加有效，区域性品牌特征显著。

综上所述，表13-20中十八酒坊品牌的全国和河北省内指标结构有所差异，品牌全国指标数据依次下降，河北省指标结构接近次优结构。未来该品牌需要注重全国范围内的营销活动，以提高品牌影响力。

第二十一节　唇动

一、唇动品牌简介

唇动食品股份有限公司（以下简称"唇动食品"）成立于2012年，是一家集研发、生产、销售于一体的大型巧克力烘焙制品生产企业，坐落于河北省沧州市青县经济开发区，主要从事唇动品牌巧克力涂饰蛋糕的生产与销售。公司先后荣获"沧州市农业产业化经营重点龙头企业""河北省质量诚信放心品牌企业""河北省著名商标企业""2015年行业成长之星""2016年3·15保障消费者权益诚信经营示范单位""河北省名牌产品""2017年度千万元以上纳税大户"等荣誉称号，是中国食品报示范单位、河北省食品工业协会理事单位、沧州市商标品牌指导站、2017年度转型升级先进单位。唇动食品具有出口经营权及十余项专利技术。

唇动食品现拥有现代化生产基地240亩（1亩≈0.0667公顷），无菌车间7万平方米，国际先进技术全自动生产线18条，企业职工1200余人，是一家集研发、生产、销售于一体，兼具烘焙及巧克力生产技术的大型生产企业。"唇动"系列产品已覆盖全国31个省、市、自治区，并相继完成沃尔玛、大润发、家乐福、华润万家、永辉超市、欧尚等国际国内KA（重要客户）卖场覆盖，占领了全国现代销售渠道制高点，已然成为烘焙行业公认的畅销品牌。

二、唇动品牌的基础指标与分析

唇动品牌的基础数据，如表13-21所示。

表13-21 唇动品牌的基础数据

指标范围	知名度（%）	认知度（%）	美誉度（%）	忠诚度（%）
全国	36.10	25.50	12.50	11.90
河北省	38.71	25.00	19.35	20.97

唇动品牌的全国知名度为36.10%，超过了品牌知名度的第二个关键点16.13%，出现了大范围的消费者认知，消费者对品牌产品的品类、价格、包装及LOGO等信息都有了一定的认知，品牌拥有了良好的消费者认知基础。品牌全国认知度达到了全国知名度的70.64%，消费者对品牌的认知程度较深，品牌传播效果充分。

唇动品牌的全国美誉度和全国忠诚度相对较低，虽然全国忠诚度略低于全国美誉度，但基本处于平衡状态，河北省内的品牌忠诚度略高于品牌美誉度，品牌的自传播能力有溢出。无论是全国范围还是河北省内，品牌美誉度均低于品牌认知度。唇动品牌的主要产品是巧克力烘焙制品，其口味和价格是影响消费者自传播和重复购买的重要原因。唇动品牌的全国美誉度远低于全国认知度，可能是由于其他品牌的影响，降低了唇动品牌的市场竞争力，未能充分激发消费者体验该产品的意愿。河北省内品牌美誉度和品牌忠诚度稍低于品牌认知度，则可能是由于部分消费者在体验产品后没有形成满意的消费体验。建议唇动品牌进一步提升品牌知名度，需要注重产品品质和服务等方面的提升，增加消费者的重复购买率。

综上所述，表13-21中唇动品牌的全国和河北省内指标结构有所差异，品牌全国指标数据依次下降，河北省指标结构接近最优结构，但品牌美誉度比品牌认知度稍低，需要注意品牌美誉度的提升，扩大差异化竞争优势。

第二十二节 同福

一、同福品牌简介

"同福"商标是中国驰名商标，同福集团股份有限公司（以下简称"同福集团"）是农业产业化国家重点龙头企业、国家高新技术企业、全国主食加工业示范企业、国家重点支持粮油产业化龙头企业、中国产学研合作创新示范企业，同时是八宝粥国家标准的主要起草单位之一。同福集团注重企业文化建设，建成中国粥文化博物馆，编纂出版了近百万字的《中华粥品大典》，成功举办了三届中国粥文化高峰论坛。

同福集团是一家集乡村振兴及现代农业产业、健康食品产业、连锁餐饮产业、文旅康养产业四大产业为一体的现代化企业集团。主要从事大型现代化农业建设，粮食及农副产品加工，营养粥品、蛋白饮料、果汁饮料生产，同福大馒头连锁餐饮店建设，特供食品、主食产品、学生营养餐、糖尿病食品及其他健康食品研发、生产和销售。

二、同福品牌的基础指标与分析

同福品牌的基础数据，如表13-22所示。

表13-22 同福品牌的基础数据

指标范围	知名度（%）	认知度（%）	美誉度（%）	忠诚度（%）
全国	30.47	20.38	9.39	7.49
河北省	44.30	30.38	17.72	17.72

同福品牌的全国知名度为30.47%，突破了品牌知名度的第二个关

键点16.13%，出现了大范围的消费者认知，消费者对同福品牌产品的品类、价格、包装及LOGO等信息都有了较深的认知，品牌拥有良好的消费者认知基础。同福品牌的全国认知度达到了全国知名度的66.89%，消费者对品牌的认知程度高，品牌获得了极大的有效传播。同福品牌的全国知名度和全国认知度均低于河北省内的品牌指标水平，说明品牌在河北省内的营销策略实施更加有效，仍具有区域性品牌特征。

同福品牌的全国美誉度和忠诚度相对较低，虽然全国忠诚度略低于全国美誉度，但基本处于平衡状态，河北省内的品牌忠诚度与品牌美誉度相等，说明大部分的自传播者有重复购买行为。从表13-22中的基础数据对比可知，无论是全国范围还是河北省内，品牌美誉度均低于品牌认知度，由于食品行业的市场领导者已经占据领先优势，食品行业竞争压力大，消费者偏好不显著，导致消费者对品牌的正确认知未能充分转化为对品牌的赞美。正因如此，同福的河北省内品牌知名度高于全国品牌知名度，且品牌美誉度和品牌忠诚度的数值低于品牌认知度。

综上所述，表13-22中同福品牌的品牌指标数据呈逐次下降趋势，需要注意品牌产品质量的提升，注重凸显差异化竞争优势。

第二十三节　华龙

一、华龙品牌简介

"华龙"方便面包装精美，物美价廉，产品有百余个品种规格、十几个系列，高、中、低档次门类齐全，主要品种有红烧牛肉面、红烧排骨面、珍品海鲜面、西红柿蔬菜面、香芹牛肉面、麻辣牛肉面、非油炸面、干吃面、香脆面等。产品先后荣获1995年、1996年国际食品及加工技术博览会金奖以及"中国驰名商标"等称号。

二、华龙品牌的基础指标与分析

华龙品牌的基础数据，如表13-23所示。

表13-23 华龙品牌的基础数据

指标范围	知名度（%）	认知度（%）	美誉度（%）	忠诚度（%）
全国	46.20	28.85	16.00	17.00
河北省	56.76	41.22	27.03	35.14

华龙品牌的全国知名度为46.20%，突破了品牌知名度的第三个关键点37.50%，此时的品牌表现为半数以上的消费者对华龙品牌非常熟悉，且有深刻的认知，能够辨认品牌LOGO，大致描述出品牌内涵或产品风格。在这一阶段，品牌的商标已经具有对消费者选择偏好的影响力，在市场竞争中产生了明显的作用。华龙品牌的全国认知度达到了全国知名度的62.45%，消费者对品牌的认知程度高，品牌获得了极大的有效传播。华龙品牌的全国知名度和认知度均低于河北省内的指标水平，但区域性品牌特征不显著。

华龙品牌的美誉度明显低于认知度，消费者对品牌内涵的认知未能充分转化为品牌的口碑，出现这种情况有三种可能的原因：一是消费者因为产品或服务的质量没有形成满意的消费体验；二是因为同类其他知名品牌的干扰导致消费者即使对该品牌有充分认知也没有进入自传播阶段；三是因为品牌前期进行了大规模广告宣传，品牌知名度获得了大幅提升，但品牌认知度和品牌美誉度较低。结合华龙品牌的行业特征以及品牌忠诚度高于品牌美誉度的情况来看，品牌自传播能力溢出，很大一部分自传播者有重复购买行为，说明品牌产品质量高。因此，华龙品牌很可能是由于同类其他知名品牌的干扰导致品牌美誉度远低于品牌知名度，企业应加大宣传力度，提升品牌的知名度和美誉度。

综上所述，表13-23中华龙品牌的全国指标数据呈逐次下降趋势，且品牌美誉度低于品牌认知度，企业需要注意品牌产品质量的提升以及忠诚消费者的维系。

第二十四节　晨光生物科技

一、晨光生物科技品牌简介

晨光生物科技集团股份有限公司（以下简称"晨光集团"）是一家集农产品精深加工、天然植物提取为一体的出口创汇型企业，拥有20家子（分）公司。公司主要研制和生产天然色素、天然香辛料提取物和精油、天然营养及药用提取物、蛋白油脂等，其中天然色素产销量居全国之首，辣椒红色素产销量居世界首位，辣椒精产品占国内生产总量的85%以上，叶黄素、甜菜红等品种均在国际上占有重要地位。

晨光集团是国家高新技术企业、农业产业化国家重点龙头企业，拥有20多项国家专利技术，建有业内首家省级天然色素工程技术研究中心，拥有自主知识产权的"辣椒红色素、辣椒素规模化生产工艺技术"获2009年河北省科技进步一等奖。2010年，"晨光"商标被认定为中国驰名商标，公司技术中心被认定为国家企业技术中心。2023年2月，中国轻工业联合会2022年度科学技术奖名单公布，晨光生物科技集团股份有限公司申报的"甜叶菊绿色高效加工关键技术创新及产业化"项目获评中国轻工业联合会科技进步一等奖。

二、晨光生物科技品牌的基础指标与分析

晨光生物科技品牌的基础数据，如表13-24所示。

表13-24 晨光生物科技品牌的基础数据

指标范围	知名度（%）	认知度（%）	美誉度（%）	忠诚度（%）
全国	32.00	17.60	9.40	6.60
河北省	26.47	8.82	14.71	8.82

晨光生物科技品牌的全国知名度为32.00%，突破了品牌知名度的第二个关键点16.13%，意味着半数消费者对该品牌的基本信息，如产品、品牌LOGO和宣传语等有较深的理解和认知。该品牌的全国认知度为17.60%，占全国知名度的55.00%，说明该品牌在传播过程中能够获得有效的消费者认知，且传播效果充分。在河北省内，其品牌知名度和品牌认知度低于全国指标水平，可能是由于企业在全国范围投放的广告居多，让更多地区的人们接触到该品牌的信息，提高了品牌的全国知名度。

晨光生物科技品牌的全国美誉度和忠诚度相对较低，但基本处于平衡状态，消费者对该品牌形成了一定的偏好，自传播现象也越来越广泛。在河北省内，其品牌美誉度高于品牌认知度，这种情况可能是由于现代媒体对消费者的影响较大，使其在对品牌认知不足的情况下出现了自传播现象，但这种品牌结构并不稳定，且品牌美誉度极易流失。

综上所述，晨光生物科技品牌的指标结构属于鱼尾形结构，河北省内的品牌美誉度远超全国品牌美誉度，说明该品牌的指标结构很正常，尤其是凸出的品牌美誉度曲线部分，更说明该品牌在消费者中有良好的口碑；但该品牌的认知度和忠诚度偏低，意味着良好的品牌口碑未能影响消费者的购买偏好。未来该品牌仍需不断精准投放广告来提高消费者的品牌认知度，并采取复购优惠等策略维系老顾客，维持消费者的品牌忠诚度。

第二十五节　今麦郎

一、今麦郎品牌简介

今麦郎食品股份有限公司于1994年成立，是农业产业化国家级重点龙头企业，是集生产、销售、研发于一体的现代化大型综合食品企业集团，其产品覆盖方便面、挂面、面粉、饮品等领域，总部位于河北省邢台市。2019年12月，今麦郎入选"2019中国品牌强国盛典榜样100品牌"。2021年4月，今麦郎入选2020年全国农业产业化龙头企业百强。2022年11月，在新加坡召开的第21届世界食品科技大会上，今麦郎集团获得"全球食品工业奖"。

今麦郎企业建立的今麦郎中央研究所、今麦郎品牌定位研究院两大创新中心，先后被认定为"河北省认定企业技术中心""河北省中小企业集群技术服务中心"，并依托建立了河北省方便食品工程技术研究中心、河北省面制品产业技术研究院等省级研发中心，成立产品定位研究院。

二、今麦郎品牌的基础指标与分析

今麦郎品牌的基础数据，如表13-25所示。

表13-25　今麦郎品牌的基础数据

指标范围	知名度（%）	认知度（%）	美誉度（%）	忠诚度（%）
全国	91.60	67.05	30.10	49.60
河北省	97.18	75.35	43.66	78.87

今麦郎品牌在全国的知名度为91.60%，超过了品牌知名度的第五个关键点84.45%，品牌知名度极高，大众对其耳熟能详，品牌在行业内颇具影响力。品牌全国认知度为67.05%，与品牌全国知名度的比值为73.20%，表明消费者对品牌的知晓已经充分地转化为对品牌的正确认知，且了解了品牌的更多知识和信息，对消费者产生了有效的影响。今麦郎品牌在河北省内的知名度和认知度也达到了高水平状态，并且与全国范围内的知名度和认知度差距不大，说明该品牌对全国所有地区的影响力较为平均。

今麦郎品牌的全国美誉度为30.10%，开始出现强烈的品牌自传播现象，形成了目标消费者产生重复购买的集体偏好，品牌口碑效应溢出明显；但品牌美誉度与品牌知名度和品牌认知度相比较低，说明消费者对品牌的知晓和认知没有充分转化为对品牌的赞美，产品质量或服务未能使部分消费者感到满意。今麦郎品牌的全国忠诚度和省内忠诚度均高于美誉度，说明虽然产品具有较高的重复购买率，但这一销售成果不仅是因为品牌声誉，可能还受产品价格、销售渠道或促销方式等因素的影响。

综上所述，今麦郎品牌对全国所有地区均具有较强影响力，消费者对该品牌具有广泛认知。该品牌是一个拥有极高的消费者认知基础、品质优良的全国性品牌。相比之下，该品牌的美誉度偏低，可能是因为大众对该速食食品行业存在健康问题、加工质量问题等方面的刻板印象。未来该品牌需要加强对产品品质的把控以及产品创新，满足消费者的多元化需求，促进消费者之间的自传播，以此来提升品牌美誉度。

第二十六节 梅花

一、梅花品牌简介

梅花品牌从2002年生产味精起步，梅花生物科技集团股份有限公司总部设在河北省廊坊市，是一家以生物发酵为主的大型产业集团，主营业务涵盖氨基酸和调味品两大领域，拥有食品添加剂、医药中间体、饲料添加剂、调味品四大产业群。梅花味精是国内著名面类、肉类、调味品类企业及多家跨国企业的首选供应商和战略合作伙伴，"梅花"商标于2007年荣获"中国驰名商标""最具竞争力品牌"称号，该商标已在马德里商标协约国及以外国家和地区注册，产品销往全球50多个国家和地区，与国内外的食品、饲料、医药等知名企业形成了战略合作关系。

二、梅花品牌的基础指标与分析

梅花品牌的基础数据，如表13-26所示。

表13-26 梅花品牌的基础数据

指标范围	知名度（%）	认知度（%）	美誉度（%）	忠诚度（%）
全国	47.29	18.64	10.92	10.32
河北省	46.15	23.08	11.54	14.10

梅花品牌的全国知名度为47.29%，超过了品牌知名度第三个关键点37.50%，意味着半数以上的消费者对该品牌非常熟悉，能够辨识品牌LOGO或者大致描述出其广告内容等。其品牌全国认知度达到了全国知名度的39.42%，说明消费者对该品牌的认知可能大多还停留在味精

产品阶段，对该品牌其他产品系列、包装风格等的认识较少。在河北省内的品牌知名度与全国知名度大致持平，河北省内品牌认知度略高于全国水平，说明该品牌的传播效果在河北省内较好，企业应进一步采取措施提高品牌在全国范围内的认知程度。

梅花品牌的全国美誉度为10.92%，消费者之间的口碑传播逐渐发挥作用，在面对同类产品时，消费者会更倾向于选择该品牌的产品，形成了较为明显的品牌偏好。其品牌全国忠诚度近似等于其全国美誉度，说明消费者的口碑作用较大一部分已转化为重复购买行为。在河北省内，其品牌忠诚度高于品牌美誉度，说明品牌自传播能力有溢出，品牌可以作为营销工具，对企业的利润获取产生作用。

综上所述，梅花品牌的全国和河北省内指标结构有所差异，全国品牌指标结构属于逐次下降结构，指标结构较为稳定，河北省内指标结构相对来说优于全国指标结构。该品牌是一个拥有较高消费者认知基础且成长性良好的全国性品牌。

第二十七节　珍极

一、珍极品牌简介

石家庄珍极酿造集团有限责任公司（以下简称"珍极集团"）前身为石家庄市珍极酿造厂，始建于1956年，是河北省规模最大的调味品生产企业、中国八大调味品集团之一、中国调味品著名品牌企业20强和中国补铁工程试点企业，也是酿造酱油、酿造食醋2项国家标准，配制酱油、配制食醋、酸水解植物蛋白调味液3项条文强制性行业标准的起草单位。

"珍极"商标为河北省著名商标，全国商办工业重点支持和发展品牌。珍极集团奉行"诚信、务实、创新、奉献、发展"的核心理念，坚持以调味品制造业为核心主业。

二、珍极品牌的基础指标与分析

珍极品牌的基础数据，如表13-27所示。

表13-27 珍极品牌的基础数据

指标范围	知名度（%）	认知度（%）	美誉度（%）	忠诚度（%）
全国	37.00	25.85	12.80	12.00
河北省	47.87	39.89	20.21	27.66

珍极品牌的全国知名度为37.00%，超过了品牌知名度的第二个关键点16.13%，出现了大范围的消费者认知，消费者对品牌产品的品类、价格、包装、品牌LOGO等信息都有了较深的认知，品牌拥有了良好的消费者认知基础，品牌的商标开始影响消费者的选择偏好，在市场竞争中产生作用。品牌全国认知度达到了全国知名度的69.86%，消费者对品牌的认知程度较深，品牌获得了极大的有效传播。珍极品牌的全国知名度和认知度均低于河北省内的指标水平，品牌更关注河北省内的目标消费者，且河北省内的营销策略实施更加有效，品牌仍保留了一定的区域性品牌特征。

从表13-27中的基础数据对比可知，无论是全国范围还是河北省内，消费者对珍极品牌的正确认知都充分地转化为对品牌的赞美，消费者偏好显著。品牌美誉度远低于品牌认知度，可能是因为调味品具有大众特性，属于家庭日常用品，调味品市场存在几大市场领导者，占据了市场的大部分份额。结合珍极品牌的美誉度与忠诚度比例情况来看，品牌全国美誉度和品牌全国忠诚度基本相等，河北省内的品牌忠诚度高于品牌美誉度，说明品牌自传播能力有溢出，相当一部分自传播者有重复购买行为，体验过该品牌产品的消费者对品牌具有良好印象。这意味着该品牌的产品质量和服务没有让消费者产生不满，品牌需要调整宣传策略，加大宣传力度，提升品牌知名度并寻找自身优势。

综上所述，珍极品牌拥有较好的消费者认知基础，品牌信息传播效率较高，是一个发展状况良好的品牌，品牌在河北省内的市场更占优势。

概要评述

本次河北省农业品牌调研共分为畜牧类、种植类和其他类三大类品牌。从品牌知名度、认知度、美誉度和忠诚度四个指标来设计问卷，调研数据全部来自"填呗"App平台，由真实用户填写，经过收集、清洗、测算和分析等步骤并完成最终解读。本报告为帮助品牌抓住自身发展痛点，提出以下品牌发展建议。

第一，抓住政策支持机遇。国家当前正在大力倡导农产品品牌创建，出台多项政策措施鼓励各省市构建品牌发展专项方案，说明了农产品品牌建立的迫切性和紧要性，为农产品品牌打造提供了难逢的机会。

第二，准确定位品牌目标市场。明确品牌属性，定位目标消费群体，提高消费者对品牌的知晓和认知，实现品牌信息的有效传播，提升品牌正面形象，吸引并稳定品牌购买者成为品牌忠诚消费者。对广告的精准投放是一个重要的宣传手段，可以寻找对标企业，借鉴其经验，结合自身核心竞争力优势，对品牌市场实现精准定位。

第三，制定有效的传播策略。打造独特的品牌故事和差异化竞争优势，寻找更多的曝光机会来增强品牌在目标消费者中的认知度，同时为品牌美誉度的形成与提高奠定良好的基础，拉动消费者的购买意愿。在制定策略过程中应先做好市场定位工作，有针对性地打造特色鲜明的宣传内容，抓住消费主体的兴趣点，需要创意大爆炸，小范围试错进而大范围投放。

第四，注重消费者体验反馈。制定有效的反馈评价机制，从消费者诉求出发，不断完善产品品质和服务质量，加强对产品品质的监管。品牌宣传内容的反馈、品牌产品品质的反馈和品牌价格等方面的反馈都是企业进行决策的重要参考内容，先抓住消费者当前的需求痛点，再寻求机会引导消费者的需求动向。

第五，注重公共关系类活动，维护品牌公众形象。及时进行品牌公关，降低品牌危机的潜在风险。在保证品牌自身产品品质的前提下，需要对市场环境时刻保持警惕，积极维护品牌形象；同时加大对社会公共事业的投入，维系与消费者之间的信任关系。

第六，增强品牌创新意识。品牌要想长期发展不仅要具有核心竞争力，同时也要具有活跃的创新思维。从产品特质、宣传内容、宣传渠道及表现形式等方面体现品牌活力，转变墨守成规的思想，发挥创造力，适应时代的变化，以提高消费者满意度，实现品牌的绿树长青。